EL LIBRO DEL AMOR
PASO A PASO

JOHN BERGSMA

EL LIBRO DEL AMOR PASO A PASO

El amor de Dios por nosotros
a través de la Biblia

EDICIONES RIALP
MADRID

© 2022 *by* John Bergsma
© 2023 de la versión española realizada por Miguel Martín,
by EDICIONES RIALP, S. A.,
Manuel Uribe 13-15 - 28033 Madrid
(www.rialp.com)

Salvo que se indique otra cosa, los textos de la Sagrada Escritura están tomados de Sagrada Biblia. Universidad de Navarra. Eunsa. Versión autorizada por la Conferencia Episcopal española.

Preimpresión: produccioneditorial.com

ISBN (edición impresa): 978-84-321-6797-3
ISBN (edición digital): 978-84-321-6798-0
ISBN (edición bajo demanda): 978-84-321-6799-7
ISNI: 0000 0001 0725 313X
Depósito legal: M-11289-2024
Impreso en Safekat (Madrid)

ÍNDICE

INTRODUCCIÓN.
¿Quién escribió el Libro del Amor?

En 1958, un conjunto llamado los Monotones —formado por seis amigos del coro de una iglesia en Newark— sacó una canción que llegó a lo más alto de las listas de éxitos: *Book of Love*. Si no la has oído, detente y búscala en YouTube. Es muy pegadiza —divertida de cantar y bailar—. Pero para los Monotones fue su único gran éxito. Ninguna de sus otras canciones subió al ranking nunca y el grupo se disolvió en 1962. Incluso décadas después, cuando yo estaba creciendo, se podía aún oír su icónica canción de vez en cuando en la radio.

Y por una buena razón. La canción preguntaba por una profunda cuestión: ¿Quién escribió el Libro del Amor? Los Monotones iban por buen camino cuando suponían: «¿Sería alguien de arriba?». En las siguientes páginas veremos que Dios es quien escribió el Libro del Amor, que solemos llamarlo la Biblia.

Eso puede sorprender. Mucha gente probablemente no piensa en la Biblia como un libro sobre el amor, y mucho menos como *el* Libro del Amor. Dirían probablemente que es un libro de leyes, historia o antiguos mitos, pero no del amor. Pero la Biblia trata primariamente sobre el amor de principio a fin, desde el Génesis hasta el Apocalipsis. La historia de la Biblia comienza con la boda del primer hombre y la primera mujer en un jardín llamado Edén, y termina con la boda de alguien llamado «el Cordero» y su esposa en una ciudad celestial llamada Jerusalén. Y justo en la mitad de la Biblia hay un libro extraño llamado el Cantar de los Cantares que no es sino una colección de poesía romántica, en la que el Rey Salomón enamora a su recién casada «princesa esposa». Así que en el comienzo, en medio y al final de la Biblia tenemos bodas.

Los temas del amor y el matrimonio llenan también el resto. Buena parte del primer libro de la Biblia, Génesis, trata de los matrimonios de Abrahán, Isaac y Jacob, los ancestros del pueblo de Israel. El segundo libro de la Biblia, Éxodo, cuenta cómo los israelitas salieron de Egipto y llegaron al Monte Sinaí en el desierto, donde "se casaron" con Dios y se convirtieron en su pueblo. El pueblo de Israel seguiría su marcha para dejar el desierto y entrar en la tierra que Dios le prometió, y a su tiempo, Dios le dio un rey llamado David, que actuó en lugar de Dios como un marido para todo el pueblo. Los descendientes de David reinaron también y se los consideraba esposos reales para Israel. Pero muchos de ellos no fueron buenos maridos, por así decir, así que los grandes profetas predijeron que en algún tiempo futuro, Dios mismo visitaría a su pueblo y sería su esposo perfecto una vez más.

Estas profecías se cumplieron siglos después, cuando Jesús de Nazaret apareció y anunció a Israel que había llegado el Reino de Dios. Jesús usó parábolas para describir ese reino como una boda, diciendo que «el Reino de los Cielos es como un rey que celebró las bodas de su hijo» (Mt 22, 2) y que «será como diez vírgenes, que tomaron sus lámparas y salieron a recibir al esposo» (Mt 25, 1). En parábolas como estas, es claro que el esposo es el mismo Jesús. Nadie entendió mejor eso que Juan, el íntimo amigo y discípulo de Jesús, quien más tarde escribiría la biografía de Jesús (el Evangelio de Juan) que le describe como un esposo cuya "boda" fue realmente su muerte en una cruz. ¿Pero quién es su esposa? Otro seguidor de Jesús más tarde, el apóstol Pablo, insistió en que los que siguen a Jesús, la Iglesia, es su esposa (ver Efesios 5). Y de nuevo Juan, escribiendo el último libro de la Biblia, tuvo una visión de la Iglesia-esposa disfrutando del cielo como una eterna celebración de boda con "el Cordero", Jesús su esposo (ver Ap 21, 2). Así que, desde el principio hasta el final, la Biblia es un libro del amor —y no de un amor cualquiera, sino de ese amor especial entre un hombre y una mujer que se convierte en la irrompible unión que llamamos matrimonio—.

Si este breve resumen del amor en la Biblia te parece demasiado rápido, no te preocupes. Ese es el asunto del resto de este libro: nos moveremos más despacio a través de cada etapa del "romance" entre Dios y su pueblo. Esas etapas, sumadas todas, forman la historia de la Biblia.

Veamos algunos términos bíblicos que pueden ser útiles antes de arrancar. Una palabra que tenemos que comprender es *alianza*. Aparece frecuentemente en la Biblia.

También la oímos en la misa, donde a la eucaristía se llama la «nueva y eterna alianza». ¿Pero qué es una alianza? Algunos piensan que equivale a "contrato", "ley" o "deber". Pero realmente, una alianza es un vínculo familiar creado por un juramento. Algunos intelectuales lo llaman «la extensión del parentesco mediante juramento». ¿Cómo puedes incorporar a alguien a tu familia si no es ya un pariente? Haces una alianza con él mediante un juramento.

En el mundo antiguo, e incluso en muchos lugares a día de hoy, hay dos formas principales de alianza: matrimonio y adopción. Por eso la Biblia se refiere con frecuencia a Dios como el *padre* o el *esposo* de su pueblo. En el Monte Sinaí, con la mediación de Moisés, Dios hace una alianza solemne con el pueblo de Israel. A veces los israelitas veían esa alianza como un matrimonio con Dios como marido. Otras veces, la veían como una adopción con Dios como Padre. Ambas perspectivas son verdaderas.

Otro término que conviene definir es *matrimonio*. Nosotros usamos mucho esa palabra y pensamos saber qué significa, pero ¿lo sabemos de verdad? La Biblia nos muestra que Dios considera el matrimonio como una completa unión entre un hombre y una mujer para toda la vida, con el objetivo de formar una familia. Incluso en las páginas de la Biblia, se nos habla de gente que no respeta esta intención y toman más de una esposa, se divorcian de su esposa, o abusan del matrimonio de algún otro modo. Hay gente que sigue haciendo eso hoy, y la palabra "matrimonio" se usa para referirse a muchas clases diferentes de uniones o relaciones entre personas. Pero es importante saber que, a los ojos de Dios, el matrimonio es una alianza irrompible entre un hombre y una mujer mientras vivan.

Y finalmente, hablaremos sobre lo que entendemos por *amor*. Hay quien usa esta palabra para describir diferentes clases de atracción o afecto. Decimos cosas como, "Yo quiero [amo] a mis amigos" o "Amo a mi madre" o "Amo la tónica". En cada caso, la clase de "amor" de la que estamos hablando es bastante diferente, aunque usemos la misma palabra. Eso puede llevarnos a la confusión. Afortunadamente, el amor que sientes por tu madre es un tipo de emoción muy diferente del "amor" que tienes por la tónica o por tu equipo deportivo.

Otras lenguas tienen más de una palabra para el amor. El Nuevo Testamento se escribió en griego, que tiene al menos tres palabras para el amor:

- *eros,* atracción romántica y/o física;
- *philos,* amor de amistad o fraterno;
- *agapé,* amor desinteresado.

El Antiguo Testamento se escribió en hebreo. Tiene una palabra genérica para el amor, *ahavah*, pero también otra muy especial para el amor que no se encuentra en las lenguas occidentales: *hesed*.

La palabra *hesed* se refiere a la clase de amor que los miembros de una familia se tienen entre sí. Incluye el afecto, pero su característica más importante es la *fidelidad* —cumplir siempre los propios compromisos, no separarse nunca, estar disponible para los demás, incluso cuando duela—. En el Nuevo Testamento la palabra hebrea *hesed* se tradujo por "misericordia" (*eleos*) o "amor" (*agapê*). Hablaremos mucho de *hesed* en este libro porque es la forma más profunda de amor y la que Dios describe como su propio amor.

Los Monotones realmente se refieren a *hesed* en su canción "Book of Love". En su imaginario Libro del Amor, el capítulo primero dice "ámala con todo tu corazón" y el segundo insiste "nunca le des solo una parte" —eso es lo que la Biblia llama *hesed*, el amor que se tienen los esposos.

¡Ya está bien de definiciones! Es hora de pasar a la Biblia como el Libro del Amor. Comenzando con Adán y Eva, vamos a ver algunos de los grandes romances en la Biblia —como los de Abrahán y Sara, o Booz y Rut— y ver si son imágenes del gran romance de Dios y su pueblo. De paso, conoceremos la importancia del matrimonio en el plan de Dios para nuestra salvación, captaremos algunos detalles sobre cómo aman los cristianos y se casan, e incluso podemos descubrir algunas cosas sobre cómo puede ser el cielo. Así que, ¡comencemos!

Uno
ADÁN Y EVA

Según la Biblia, Dios creó el mundo para el matrimonio. Ya sé que eso suena atrevido, pero sigue conmigo y verás lo que quiero decir.

Estamos familiarizados con el relato de los seis días de la creación. En el principio, cuando Dios llamó al mundo a la existencia, «la tierra era caos y vacío» (Gn 1, 2). En tres días, Dios formó el mundo, estableciendo tiempo en el primero, espacio en el segundo y habitable hábitat en el tercero. Luego llenó el mundo que había formado. Llenó el tiempo con el sol, la luna y las estrellas. Llenó grandes espacios con aves y peces. Finalmente, llenó el hábitat con animales y el hombre. Mostré en mi libro anterior sobre *La Biblia paso a paso* que Dios construía la creación como un gran templo, con la humanidad —el hombre y la mujer— como un sacerdocio real para gobernarlo.

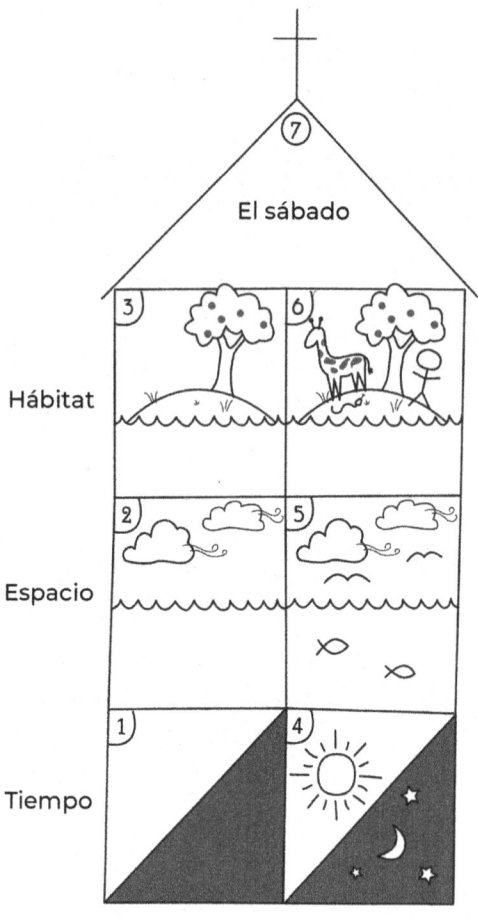

La palabra hebrea para "humanidad" es *adán*, que es también el nombre del primer hombre, Adán. Cuando llegamos a la creación de Adán, la Biblia dice algo curioso sobre Dios. Hasta ese momento, Dios solo ha llamado a cosas a la existencia. Dice: «Que haya…», y aparecen cosas, y luego ve que son buenas. Pero con el hombre, Dios dice: «Hagamos al hombre a *nuestra* imagen, según nuestra semejanza. Que dominen sobre los peces del mar, las aves del cielo, los ganados, sobre todos los animales salvajes [...] que se mueven por la tierra» (Gn 1, 26, énfasis añadido).

¿Qué quiere decir Dios, «*Hagamos* al hombre a *nuestra* imagen?*». Antes de esto, Dios ha actuado como una sola persona, pero ahora suena como que es más de uno. Así que Dios parece que es uno y más de uno. Qué curioso, lo mismo parece ser cierto en el hombre que hizo Dios a su imagen: «Y creó Dios al hombre a su imagen, a imagen de Dios *lo* creó; varón y mujer *los* creó» (Gn 1, 27, énfasis añadido). Como Dios, el hombre es "él" y "ellos", uno y más de uno, tanto singular como plural. Esto es parte del misterio de ser imagen y semejanza de Dios.

Después de hacer Dios a Adán, tanto el Adán-varón como el Adán-mujer, se complació en ellos, y los bendijo y les mandó: «Creced y multiplicaos, llenad la tierra y sometedla» (Gn 1, 28). Así que para cumplir ese mandamiento —el «creced y multiplicaos y llenad la tierra»— las dos formas de *adán* tendrían que actuar juntos. Tendrán que unirse en matrimonio. Así vemos que el matrimonio es algo central en la intención de Dios para la humanidad. Los seres humanos no pueden hacer lo que Dios les manda a menos que se unan en matrimonio.

El segundo capítulo del Génesis se extiende en este asunto. Comenzando por Génesis 2, 7, llegamos a un relato más detallado sobre cómo hizo Dios a Adán. Dios «formó al hombre del polvo de la tierra, insufló en sus narices aliento de vida [...], lo colocó en el jardín de Edén para que lo trabajara y lo guardara».

Hasta ahora, todo bien. De hecho, todo ha sido bueno hasta ahora: la luz, la tierra, los mares, las plantas, las aves y peces… todo «muy bueno» (Gn 1, 31). Pero ahora, por primera vez, algo en la creación no es bueno: «Dijo el Señor Dios: No es bueno que el hombre esté solo; voy a hacerle una ayuda adecuada para él» (Gn 2, 18).

Las palabras hebreas para "ayuda adecuada para él" merecen atención. La palabra para "ayudante" o simplemente "ayuda" es *ezer*. Es una palabra corriente en la Biblia, pero se refiere casi siempre a la ayuda que envía Dios o un rey, nunca a la que proporcionan los criados o los obreros. También la expresión "adecuada para él" es en hebreo *k'negdô*, un término raro que significa literalmente "como él y frente a él", al modo en que dos sujeta-libros son semejantes pero uno frente a otro. También podríamos traducirlo como "complementario" o "correspondiente a él".

Dios trae a todos los animales que ha hecho ante el hombre para ver qué nombre les pone. Es una gran operación, pues hasta ese momento ha sido Dios quien le ha puesto nombre a todo lo que ha creado. Ahora Dios le deja a Adán hacer algo divino: poner nombre a algo. Adán nombra a todos los animales, pero ninguno de ellos es "una ayuda adecuada para él". Ninguno es "como él y frente a él".

¿Acaso no sabía Dios que ninguno de los animales iba a servir? Claro que lo sabía, pero todo este proceso es en beneficio de Adán. Conforme Adán busca entre todos los animales un ayudante, descubre algo sobre él mismo y lo que verdaderamente necesita. Además, la espera le sirve para apreciar mejor la "ayuda" que vendrá, pues apreciamos más algo cuando hemos tenido que trabajar y esperar para tenerlo.

Pero Adán tendrá que hacer algo más que trabajar para obtener esta ayuda; necesitará sacrificar y darse él mismo.

Dios le durmió en un profundo sueño —que para Adán debió ser casi como morir— y luego realizó una cirugía. Abrió la carne de Adán para quitarle una costilla (Gn 2, 21-22). Es interesante que la palabra para "costilla" aquí (en hebreo, *tzēla'*) nunca se usa como una parte del cuerpo en otro lugar de la Biblia, sino casi siempre para los pilares o soportes de las vigas que sostienen el tabernáculo o el Templo. Esto sugiere que el cuerpo de Adán es también un templo. De la costilla, Dios literalmente "construye" (en hebreo, *banah*) una mujer (2, 22, versión Douay-Rheims). La construye porque ella, también, es un templo. Veremos este tema del cuerpo como un templo en muchos otros lugares de la Biblia.

Ahora, Dios lleva a Eva ante Adán. Antes de eso podemos pensar que Adán ha estado con los monos, cogiendo bananas y enseñando su pulgar oponible. Pero una vez que ve a la mujer, Adán pega un salto. ¡Esto es lo que estaba esperando! Para encontrarlo, ha debido

- buscar en una interminable fila de animales,
- caer en un sueño parecido a la muerte,
- dejar que le cortaran el cuerpo como en un sacrificio, y
- hacer un permanente regalo de sí mismo.

Ahora aparece ella. Inspirado por su hermosura, Adán se convierte en un poeta. Preciosos versos líricos salen de su boca:

> Esta sí es huesos de mis huesos,
> y carne de mi carne.
> Se la llamará mujer,
> porque del varón fue hecha (Gn 2, 23).

Este punto es la cumbre de todo el relato de la creación en el Génesis. La aparición de "la ayuda adecuada para él" está marcada no solo por la primera poesía lírica de la Biblia sino también por el lenguaje de la alianza (ver 2 Samuel 5, 1-3). Una alianza es una familia formada por un juramento. Adán no está solo reconociendo que Eva es su costilla; no, está *declarándola* carne de su carne y huesos de sus huesos en sentido legal. La está tomando como familia, como esposa.

Cuando las familias aumentan sus miembros mediante nacimientos de hijos, los nuevos miembros adquieren un nombre. De modo semejante, cuando las familias se forman mediante alianza, el nuevo miembro a menudo toma un nuevo nombre (ver Gn 17, 5). Una esposa suele tomar el apellido de su marido en la boda. Así es aquí. Adán forma una nueva familia con su "ayuda adecuada" y le da un nuevo nombre, mujer. En hebreo, hombre es *ish* y mujer es *ishah,* que suenan y parecen semejantes.

Este es el primer matrimonio de la humanidad, y tiene fuertes implicaciones para el resto de la historia humana. Tanto es así que el autor sagrado explica: «Por eso, dejará el hombre a su padre y a su madre y se unirá a su mujer y serán una sola carne» (Gn 2, 24). Este versículo describe el matrimonio, una permanente unión entre un hombre y una mujer. La "permanente unión" a su esposa, en hebreo es *dabaq,* una palabra que significa "pegado o encolado" a algo y no susceptible de despegarse (cf. 2 Samuel 23, 10). Ese matrimonio entre *un* hombre y *una* mujer (monógamo) se indica por dejar el hombre "al padre y a la madre" para unirse a "su mujer" (no mujeres) y serán "una sola carne" no varias, no dos sino "una sola

20

cosa" se podría traducir también. Eso tiene lugar de dos modos. Primero, cuando ellos se unen en el acto conyugal, sus cuerpos se hacen una sola unidad destinada a generar nueva vida. Segundo, esa nueva vida misma viene igualmente de cada uno de ellos —sus cuerpos están literalmente unidos para hacer un solo nuevo cuerpo: el hijo—. Sorprende que, haciéndose *uno*, ellos llegan a ser *muchos*. Uniéndose como una sola carne, crecerán y se multiplicarán, y llenarán la tierra, según el mandamiento de Dios (cf. Gn 1, 28).

Cuando Adán despierta para ver a Eva por primera vez, sería la mañana del séptimo día. Así que toda la historia de la creación (Gn 1, 1-2, 25) culmina con la revelación de la esposa y con Adán pronunciando los primeros compromisos matrimoniales de la historia (Gn 2, 22-25). Santo Tomás de Aquino apunta que eso que fue lo último en la ejecución es lo primero en la intención[1]. En otras palabras, el paso final de un proceso es lo que estás esperando conseguir en cada paso todo el tiempo. Por ejemplo, recibir tu diploma de los estudios que has hecho puede ser lo último de tu carrera, pero es lo que te has propuesto conseguir desde el principio. Así que el matrimonio de Adán y Eva es el objetivo de toda la creación, aunque fuese la última acción. Y ese matrimonio tiene lugar el séptimo día, el Shabat.

En el Shabat, Dios descansó, y toda la creación descansó con él. En ese día, todos dejaron de hacer para solo *estar*. Específicamente para *estar con* los demás. Dios no creó criaturas para que trabajasen para él, sino para que

---

[1] *Suma teológica*, I-II. q.1, a. 4.

disfrutasen estando con él, especialmente los seres humanos. Tenemos un término especial para *estar con* otra persona: comunión. Dios creó la humanidad para que estuviera *en comunión* con él. Así que el Shabat fue el punto culminante de la semana de la creación, cuando Dios y la humanidad estuvieron en comunión, disfrutando de la presencia del otro.

Hace años, estuve viendo en TV una comedia que transcurría en un centro de enseñanza media americano. Un muchacho estaba enamorado de una chica, y cada vez que ella estaba presente, él hacía payasadas para atraer su atención. Al final, ella se aburrió y le preguntó: "¿Por qué haces tantas tonterías cuando yo estoy cerca?" Él se paró y bajó la guardia, replicando: "Solo quiero estar contigo". Quedé impresionado por esa sencilla expresión de comunión —estar con otra persona para agradarla, para disfrutar de su presencia, no por ninguna otra razón—. En el corazón de la comunión está el amor.

La fe católica enseña que Dios es una comunión de tres personas. La unión de amor de las dos primeras personas es tan fuerte que se convierte en la tercera persona. El matrimonio es algo así. El amor de dos personas se plasma en una tercera, el hijo. En cierto modo, el matrimonio deviene una imagen, un icono, de Dios. El amor siempre quiere compartirse. Dios crea a otras personas para que puedan compartir su amor e imitarlo. Dios creó el mundo para amar en comunión, y la imagen de esa comunión es el matrimonio. Dios creó el mundo para el matrimonio.

No podemos seguir hasta que dibujemos este paso de la historia de la salvación. Dibujemos el Monte Edén.

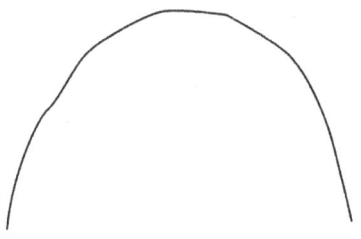

Y añadamos el Río de la Vida.

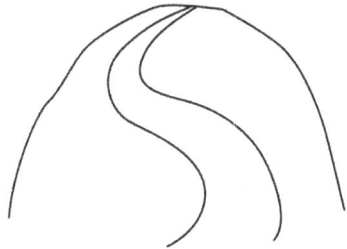

Y el Árbol de la Vida, ¡con sus cuatro manzanas!

Ya sabemos que el Árbol de la Vida es un "tipo" [2] de la Cruz, y su fruto un tipo de la Eucaristía. De mismo modo, el Río de la Vida es un tipo del Bautismo. Con frecuencia consideramos cómo estos dos sacramentos de vida fueron ya tipificados en el jardín del paraíso, pero olvidamos el tercer sacramento de vida que también está allí.

Así que vamos a comenzar por dibujar a Adán. Ya veréis por qué no dibujo ahora su brazo izquierdo.

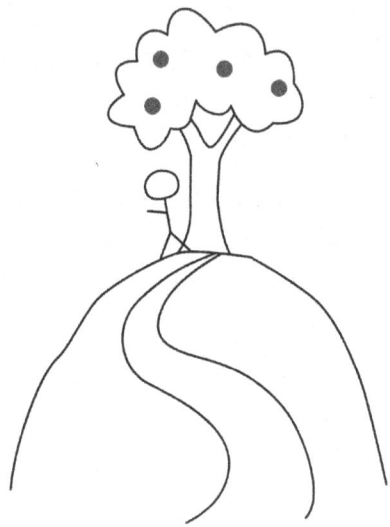

Y ahora nuestra querida madre Eva. Sí, ya sé que realmente no llevaba un vestido, pero me viene bien aquí…

---

[2] En teología, un "tipo" es una figura que anuncia una realidad espiritual futura. Algunas figuras del Antiguo Testamento anuncian lo que será realidad en el Nuevo.

Y finalmente vamos a unir sus manos. Este es el primer matrimonio de la historia. Tenemos el río que da vida, el árbol que da vida, y la unión que da vida del hombre y la mujer. El árbol y el río proporcionan comida y bebida para la vida eterna. Y la unión de Adán y Eva producen personas imágenes del Dios eterno.

Hagamos sonreír a Adán y Eva, pues estoy seguro de que estaban contentos uno de otro y del jardín antes de que llegase el pecado.

Así pues, tenemos imágenes de los tres sacramentos que dan vida. A veces olvidamos que el matrimonio es para dar vida, y lo cerramos a la vida. Haciendo eso, perdemos la alegría eterna que Dios quiere para nosotros.

No hay otro que proporcione una esposa o un esposo, así que les damos algunos ayudantes angélicos. Ahora nuestra pequeña ilustración está completa. Así es como tiene que ser el matrimonio: la felicidad de la comunión abierta a la nueva vida.

Dos
NOÉ Y SU MUJER

POR DESGRACIA, ADÁN Y EVA no gozaron de un estado de felicidad largo tiempo. Dios había puesto a Adán en el Jardín del Edén para que «lo trabajara y lo guardara» (Gn 2, 15), pero no hicieron un buen trabajo como guardianes, porque al principio de Génesis 3, una serpiente ha entrado en el jardín y comienza a engañar a Eva. La persuade para que haga la única cosa que Dios ha prohibido: comer del Árbol del Conocimiento del Bien y del Mal. Luego ella comparte el fruto prohibido con su marido (Gn 3, 1-6).

Este es el comienzo del problema, porque siembra la desconfianza en su alianza de relación con Dios. Pero lo curioso es que la alianza entre Dios y el hombre está misteriosamente conectada a la alianza matrimonial entre Adán y Eva. Las dos alianzas resuenan una en otra, como dos copas de cristal; cuando frotas el borde de una, la otra también vibra. Como resultado, cuando Adán y

Eva dañan su alianza con Dios, también hacen daño a su alianza entre ellos.

Primero, se dan cuenta de que están desnudos (v. 7). Estar desnudo es estar desprotegido. Antes, eso no importaba, pues tenían perfecta confianza el uno en otro. Pero ahora, los dos son tramposos que han roto la confianza con Dios, su Padre amoroso. Si pueden romper la confianza con él, pueden también romperla entre ellos. Ahora ya no se sienten seguros en presencia del otro. Se hacen ropa con hojas de higuera para protegerse el uno del otro.

Dios baja al jardín para encontrarse con la pareja humana y hablar con ellos (v. 8). Cuando sale a la luz lo que han hecho, él declara el resultado de estas acciones para la serpiente, la mujer y el hombre. Un resultado es la perturbación en la relación entre el hombre y la mujer. A la mujer, Dios le dice: «Hacia tu marido tu instinto te empujará y él te dominará» (v. 16). Ese es el comienzo de la batalla entre los sexos. La mujer deseará controlar a su marido, pero no tendrá éxito. Antes del primer pecado no había pelea por controlar porque marido y mujer estaban unidos siguiendo la voluntad de Dios. Pero ahora, la voluntad de Dios se ha dejado a un lado, y ambos quieren imponer su propia voluntad al otro.

A pesar de esta pena, la historia termina con una nota de reconciliación. Adán da a su mujer un nuevo nombre, "Eva", la palabra hebrea para "vida", porque ella será «la madre de todos los vivientes» (v. 20). Podría haberle echado la culpa por su desgracia y haberla llamado "mala pata" o "busca líos", pero, en vez de eso, le da un precioso y positivo nombre, una celebración del poder de la nueva vida que ella guarda en su cuerpo. Y Dios proporciona a la pareja "túnicas de piel" para remplazar su ridícula vestimenta de hojas de higuera (v. 21). Aunque ellos deberían haber muerto por haber comido el fruto (2, 17), es algún otro quien muere —un animal—. Dios usa la piel de un animal para hacerle al hombre y a la mujer una ropa fuerte, duradera y confortable. Eso establece el modelo del sacrificio; los animales morirán en lugar del hombre y la mujer, hasta que venga un hombre que pueda morir en lugar de toda la humanidad (ver Jn 1, 29).

Como han roto la confianza con Dios, Adán y Eva no pueden permanecer en el jardín-templo del Edén. Así que lo dejan y comienzan a vivir en un lugar mucho menos agradable (3, 23-24). Cuando tienen hijos, surgen nuevos problemas. No pasa mucho tiempo antes de que seamos testigos del primer asesinato entre hermanos, cuando Caín mata a Abel (Gn 4, 8-16), pero al final el modelo divino del matrimonio es honrado por varias generaciones. Llegamos luego a Lamec, la sexta generación descendiente de Caín. Lamec fue el primer hombre que tuvo una verdadera mala idea: tomó dos esposas (Gn 4, 19). También fue un sociópata que se jactó de matar ante sus esposas, y resultó ser siete veces peor que su ancestro Caín (vv. 23-24). El narrador bíblico trata de decirnos algo al darnos a conocer que la bigamia fue inventada por un personaje tan indeseable.

En las siguientes generaciones, las cosas fueron de mal en peor. A su tiempo, la inicial bigamia de Lamec derivó en la poligamia en toda regla, según leemos en Génesis 6, 1-2: «Cuando los hombres comenzaron a multiplicarse sobre la faz de la tierra y les nacieron hijas, los hijos de Dios vieron que las hijas de los hombres eran hermosas, y tomaron por mujeres a las que más les gustaban de entre todas ellas». "A las que más" significa "a tantas como quisieron". La tradición católica entiende que "los hijos de Dios" son los que guardan la alianza en la línea de Set, el tercer hijo de Adán y Eva, pues "hijo de Dios" es alguien que guarda la alianza (cf. Sb 2, 13-18). Las "hijas de los hombres" son de la línea de Caín que rompe la alianza, quien hace ya mucho se apartó de Dios. Esos matrimonios polígamos, entre quienes guardan la alianza y los que no, condujo a la ruptura de la cultura humana y el fomento de la violencia. Las cosas comenzaron a ir tan mal que apenaron el corazón de Dios; él creó el mundo para la comunión de amor, no para la violencia. Así que puso en marcha un gran reinicio, si podemos llamarlo así, de la historia humana. Eligiendo al hombre más recto que quedaba, Noé, Dios le mandó construir un barco (el arca) para él mismo, su familia, y los animales, para que la vida sobreviviera a la gran inundación que enviaría Dios.

Significativamente, todos los que suben al arca son monógamos: Noé y su mujer y los tres hijos de Noé con sus esposas, ocho personas en total (cf. Gn 7, 13; ver también 1P 3, 20). Incluso los animales eran monógamos; todos suben al arca, como aprendimos de niños, "de dos en dos". Nótese el contraste que se muestra aquí —fuera del arca está la poligamia y la violencia; dentro del arca, la monogamia y la paz—.

La poligamia hace gran daño a la sociedad humana. Arruina el equilibrio entre marido y mujer que pretende Dios. Él hizo a Eva *k'negdô*, "como y enfrente", enlazada y opuesta. Las esposas verían un reflejo de ellas en su marido. Pero la relaciones en la poligamia *siempre* terminan con múltiples esposas de un mismo hombre, debido a la naturaleza de las cosas. En tal situación, el marido nunca puede volver su mirada de amor a su esposa, pues la comparte con otras mujeres. Más aún, los padres en las relaciones polígamas terminan por tener muchos hijos que educar, guiar y criar. Incluso si lo intenta, el hombre se encuentra impedido, dejando a los hijos en ausencia de padre. A eso se añade la inevitable rivalidad entre esposas y el complejo psicológico de los hijos, sabiendo que su madre no es la "favorita" de su padre. Todo hijo tiene derecho a ser el fruto de un verdadero amor, no solo de una atracción. Todo hijo merece estar psicológica y espiritualmente seguro, sabiendo que su padre y su madre se amaron y se aman el uno al otro, y *solamente* el uno al otro, con total compromiso para toda la vida. No hay favoritas, ni rivalidades, ni infidelidades ni parcial o temporal amor —todas esas cosas hieren a los hijos y a las esposas—. Cuando los padres y las madres viven el uno para el otro completamente y para toda la vida, el resultado es hijos felices y prosperidad humana.

Volviendo a la historia del Diluvio, vemos que cuando Noé, su mujer, sus hijos y las esposas de sus hijos salieron del arca, el mundo era nuevo. Noé ofreció un sacrificio, y Dios envió el arco iris como señal de paz entre él mismo y la creación (cf. Gn 8,20-9,17). En los tiempos antiguos, cuando había terminado la batalla, los guerreros colgaban sus arcos sobre la chimenea al volver a su hogar. Dios colgó su "arco de guerra" en el cielo como una señal de que la batalla entre la tierra y el cielo había terminado (vv. 13, 16). Establecía una nueva alianza con Noé y su familia (cf. Gn 9, 17). Noé y su esposa son unos nuevos Adán y Eva, nuevos padres de la familia humana. La alianza entre Dios y la humanidad ha sido restaurada, y la alianza entre el hombre y la mujer también. Con esto, vemos una vez más cómo estas dos alianzas están ligadas entre sí.

Por tanto dibujamos una nueva montaña, Ararat.

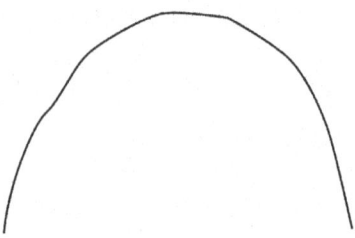

Y aquí está el arca, un gran barco.

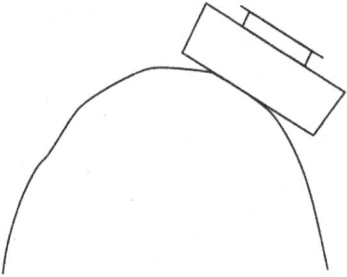

Pongamos la rampa para que puedan salir los animales.

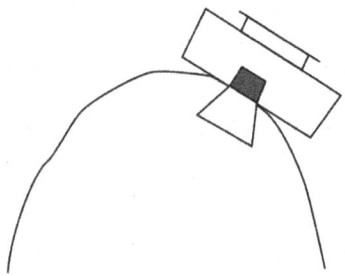

Aquí salen las serpientes, de dos en dos.

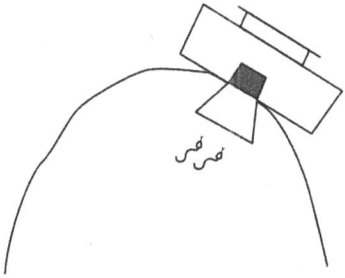

Ahora las jirafas, las dos.

Y echemos fuera unos pares de aves, para completar.

Y finalmente, la pareja de casados, padre y madre de una nueva humanidad, Noé y su mujer.

(Le ponemos a Noé un gorro de capitán para distinguirlo de Adán.)

Sobre esta escena completa, Dios envía su arco iris. Vistos desde el cielo, los arcos iris son un círculo perfecto. Algunos los llaman los "anillos de boda de Dios". Eso parece muy apropiado, porque el Diluvio es el triunfo de la monogamia.

Finalmente, haremos sonreír al señor y la señora Noé, porque esta es de verdad una escena feliz: la restauración del equilibrio y la comunión entre Dios, la humanidad y la naturaleza. ¿No os parece?

TRES
ABRAHÁN Y SARA

PODRÍAS PENSAR QUE, después de empezar de nuevo la historia humana con el hombre más virtuoso de la tierra, las cosas irían bien esta vez. ¡Pues no! Solo unos pocos años después del Diluvio, Noé se emborrachó con el vino de su propia viña y quedó desnudo en su tienda. Su hijo Cam entró y lo contó fuera para avergonzarle. Noé despertó de su embriaguez y maldijo a los descendientes de Canaán, el hijo de Cam (cf. Gn 9, 20-27). Así que tenemos aquí un caso de mal aprovechamiento del fruto que lleva a la desnudez, la vergüenza, y la maldición. Es de nuevo el pecado del Jardín del Edén. El pecado vuelve a entrar en la familia humana, y una vez más, las cosas van de mal en peor. Finalmente, toda la raza humana se junta para desafiar a Dios construyendo una gran torre que llegue hasta el cielo. Pero Dios no encuentra difícil deshacer esta rebelión de sus hijos. Simplemente confunde sus lenguas, y la multitud de los rebeldes se dispersa pacíficamente sobre la faz de la tierra, como Dios les había mandado en primer lugar. Pero ahora tenemos la penosa situación de que los seres humanos están aislados unos de otros y separados de Dios. Esto contradice el propósito de Dios al crearnos —que la humanidad fuese una gran familia feliz, la familia de Dios—.

¿Qué puede hacer Dios? Ha jurado que no volvería a enviar otro diluvio. Esa opción está fuera de la mesa. Dios adopta una estrategia diferente: trabajará con un hombre y su familia, y a través de él restaurará la bendición a toda la humanidad. Para esta misión, escoge a un hombre llamado Abram. Pero Abram es un hombre casado, y no menos importante para el plan de Dios es la mujer de Abram, Saray.

Abrahán y Sara

La Biblia no nos da mucha información del pasado de Abram. Ya es viejo cuando Dios le llama y le dice: «Vete de tu tierra y de tu patria y de casa de tu padre, a la tierra que yo te mostraré; de ti haré un *gran pueblo,* te bendeciré, y *engrandeceré tu nombre* que servirá de bendición. […] en ti *serán bendecidos todos los pueblos de la tierra*» (Gn 12, 1-3, cursiva añadida).

Dios hace a Abram tres promesas principales: (1) que se convertirá en un *gran pueblo,* (2) que tendría un *gran nombre* (eso indica realeza), y (3) que a través de él vendría una *gran bendición* (bendición para toda la humanidad). Pero la primera promesa —llegar a ser un gran pueblo— era algo necesario para que el resto sucediera, y eso Abram no lo podía hacer por sí mismo. Su cuerpo no tenía ya la fuerza vital que él había tenido antes. Tal como Adán, Abram necesitaba una dadora de vida "Eva", y esa era su mujer, Saray. Pero Abram no parece comprender lo importante que es Saray para su futuro y las promesas de Dios. Él la hace pasar como su hermana, y la toman en el harén de un rey extranjero —no solo una vez, sino dos (Ver Gn 12, 10-20 y 20, 1-18)—. Dios tiene que intervenir para proteger su matrimonio (cf. Gn 12, 17 y 20, 3). Si no lo hubiese hecho, estas escapadas hubieran terminado muy mal para Abram y Saray. Como Abram no quiere proteger su matrimonio con Saray, Dios lo hace él mismo.

Aunque Dios no puede salvar su matrimonio de las heridas que se hacen ellos mismos. En Génesis 16, encontramos que han pasado muchos años desde que Dios prometió a Abram hacer de él un gran pueblo, y todavía Abram y Saray no tienen ni un hijo. Convencida de que su fecundidad es cosa pasada, Saray concibe una mala idea: le da su esclava Agar a Abram como segunda esposa. En las leyes de ese tiempo, el hijo de Agar pertenecería a Saray. Saray está tratando de forzar que lleguen las promesas de Dios a través de un esfuerzo creativo humano. Cuando Saray comparte su plan con Abram, él «escuchó el ruego de Saray» (Gn 16, 2) —lo mismo que hizo Adán cuando siguió a Eva en el pecado (cf. Gn 3, 17)—.

Pero ¿recordáis al inventor de la bigamia, Lamec? ¿Era un buen tipo? ¿Fue una buena idea? ¡No y no! Y ciertamente la bigamia no funcionó bien para Abram, Saray y Agar. Por el contrario, trajo sufrimiento para los tres. Según lo esperado, Agar concibió un hijo (cf. Gn 16, 4). Una vez que estuvo encinta, Agar se puso orgullosa y trataba con desprecio a Saray. Entonces Saray reaccionó maltratándola (v.6). Eso es lo que hace la bigamia —destruye la paz del hogar—. La situación resulta tan insoportable que Agar huye, aunque, estando embarazada, no tiene adónde ir. Dios tiene que enviar a un ángel para asegurarle que cuidará de ella y de su hijo. Con esta tranquilidad, Agar vuelve y aguanta a la insufrible Saray (cf. vv. 7-14). Llegado el tiempo, ella dio a luz a Ismael (cf. Gn 16, 15).

Pero Dios no estaba contento con Abram presidiendo este choque de trenes. El plan de salvación había descarrilado por completo. Dios había prometido bendecir el fruto del matrimonio de Abram y Saray, no una subrogada maternidad de tercera parte. Si no intervenía, las promesas de la alianza pasarían a Ismael, el hijo indeseado. No es que algo estuviese mal con Ismael —Dios le bendecirá también (cf. Gn 17, 20)— pero la alianza debía pasar al hijo de Abram y Saray.

Interviene Dios y se aparece una vez más a Abram, saludándole con un reproche: «Camina en mí presencia y sé perfecto» (Gn 17, 1). Eso implica que Abram no ha sido perfecto recientemente. Luego Dios rehace la alianza entre él y Abram. Cuando Dios hizo por primera vez la alianza con Abram en Génesis 15, Abram tuvo que cortar la carne de los animales (15, 10). Ahora, sin embargo, Dios le pide que corte su propia carne en el rito de la circuncisión. Este ritual es un reproche simbólico de los poderes de procreación de Abram, que los usó mal al unirse a Agar. Cuando restablece los términos de la alianza, Dios deja claro como el cristal que las promesas de la alianza pasarán al hijo de Abram y Saray (17, 21).

Así que, como ya hemos dicho, las alianzas forman familias. Cuando te unes a una nueva familia, con frecuencia obtienes un nuevo nombre. Por ejemplo, tomamos nuestro nombre en el Bautismo y de nuevo en la Confirmación. Cuando Dios restablece su alianza con Abram en Génesis 17, tanto Abram como Saray obtienen nuevos nombres. Saray ("mi princesa") pasa a ser Sara ("princesa"), y Abram ("padre enaltecido") pasa a ser Abrahán ("padre de una multitud"). El nombre de Abrahán parece irónico, pues él y Sara no tienen aún un hijo. La promesa está en fuerte desacuerdo con la realidad.

Con todo, Dios bendice a Sara de un modo especial: «Haré de ella pueblos, y de ella saldrán reyes de naciones» (Gn 17, 16). Cuando Abrahán sugiere a Dios que basta con que bendiga a Ismael, Dios insiste: «Es Sara, tu mujer, la que va a darte un hijo, le pondrás por nombre Isaac [...] Mi alianza la estableceré con Isaac, el hijo que te dará Sara el año próximo por este tiempo» (vv. 19, 21). Fue siempre la intención de Dios bendecir su matrimonio con un hijo.

Dentro del año, la promesa de Dios se cumple. Abrahán y Sara son una sola carne en el abrazo conyugal, y lo son en el cuerpo de un hijo, Isaac. Para unos padres ancianos tener un hijo tan tarde en la vida es francamente divertido, por eso su nombre es Isaac (en hebreo, *yitzhaq*) que significa "risa". Es como una broma de Dios.

Pero el rol de Isaac en la historia de la salvación no es broma. Es el hijo único de Abrahán y Sara. Todo el pueblo de Israel, el Pueblo Elegido, vendrá de él. Isaac es el "hijo unigénito" de Abrahán y Sara (cf. Gn 22, 2, 12 y 16). Del mismo modo que el «Hijo unigénito» (cf. Jn 3,

16) que vendrá siglos después, Isaac es un hombre joven que lleva madera a un monte y luego se acuesta sobre la madera para ser sacrificado a Dios por amor a su padre (cf. Gn 22, 1-14). Ese acto merecerá una bendición de Dios, pues Dios jurará solemnemente a su padre Abrahán, «en tu descendencia (en hebreo, *zera', semilla*) serán bendecidos todos los pueblos de la tierra» (Gn 22, 18). Isaac es la semilla de Abrahán a través de la cual la bendición llegará al mundo entero.

Isaac y Rebeca

Bueno, con todo lo que cae sobre los hombros de Isaac, es crítico que se case con la mujer conveniente —que sea capaz de cargar con él el peso de las esperanzas de toda la humanidad—. Por eso, un largo capítulo del Génesis está dedicado al cortejo de Rebeca (Gn 24). Abrahán está preocupado y quiere que Isaac encuentre una esposa que comparta el mismo compromiso con el Dios al que Abrahán y toda su familia adora. Así que encarga al siervo más viejo de su casa, su administrador, que regrese a su tierra natal y escoja una esposa para Isaac entre su parentela, que adore también al Señor (cf. Gn 24, 1-9). El siervo de Abrahán partió (v. 10), y en el camino habló al Señor.

«Señor […], te ruego que me asistas hoy, y uses misericordia con mi amo Abrahán. Voy a quedarme junto a la fuente del agua, y cuando las hijas de la gente de la ciudad salgan a sacar agua, le pediré de beber a una joven. Si ella atiende también voluntariamente a mis camellos, sabré que es la que tú quieres para Isaac» (Gn 24, 12-14, la paráfrasis es mía).

Es sensato el plan del siervo. Los camellos pueden beber hasta treinta galones de una vez, especialmente si llevan un tiempo viajando. El siervo llevaría probablemente al menos media docena de camellos en su caravana. Una joven que va a sacar *voluntariamente* 180 galones o más de agua para los camellos de un extraño no solo es amable y generosa sino que también vale físicamente. Amable, generosa y fuerte —todas las cualidades para la futura matriarca de todo el clan de Abrahán—.

El siervo cabalga a la ciudad, y la primera mujer que encuentra es Rebeca, una pariente de Abrahán, hermosa soltera y joven. «El siervo corrió a su encuentro y le dijo: "Por favor, déjame beber un poco de agua de tu cántaro". Ella contestó: "Bebe, señor [...], voy a sacar agua también para tus camellos, hasta que acaben de beber"» (Gn 24, 17-19). Cuando lo hizo, después de obtener el siervo la bendición de la familia, le ofreció joyas a Rebeca y la llevó consigo para que fuese la esposa de Isaac (vv. 22-67). Estas dos personas generosas y entregadas tuvieron un feliz matrimonio. Este episodio, de paso, establece el "Dame de beber" que se puede encontrar en románticas escenas más tarde también en la Biblia.

Rebeca es vital en la historia de la salvación. El pueblo de Israel viene de su cuerpo. Ella también tiene el buen sentido de reconocer que su hijo menor, Jacob (más tarde llamado Israel), tiene las virtudes para cumplir la alianza que su hijo mayor, Esaú, no tiene. Esaú (también llamado Edom) es un gamberro tan alocado que vende sus derechos como primogénito a su hermano menor a cambio de un bol de sopa, solo porque tiene hambre y es demasiado perezoso o impaciente para hacerse él la comida (cf. Gn 25, 29-34). Más tarde en la vida, Isaac y Esaú intentarán ignorar lo que hizo Esaú, conspirando para dar la bendición del primogénito en todo caso a Esaú, pero afortunadamente interviene Rebeca para asegurarse de que la compra de los derechos de primogénito por Jacob se respete. Le viste con la ropa de Esaú, le envía a Isaac, quien ve tan mal que confunde a Jacob con Esaú por el tacto y el olfato. Y así Isaac da la bendición de la alianza a quien la había comprado fácilmente a su alocado hermano (cf. Gn 27, 1-40). Por tanto, a causa de Rebeca, el pueblo elegido de Dios son los israelitas, no los edomitas. A través de Isaac y Rebeca, el autor sagrado nos muestra la importancia del matrimonio, y de la elección de una esposa, para el futuro del pueblo de Dios. Las promesas de la alianza incluyen una "gran nación", y eso no puede llegar sin muchos descendientes sanos, y estos solo pueden venir de matrimonios sanos.

JACOB Y RAQUEL... Y LÍA

De todos los patriarcas, Isaac es el que tiene la vida más tranquila, porque solo tuvo una mujer. Jacob, su heredero no tuvo tanta suerte. De joven, Jacob se fue de su casa para regresar al país ancestral de Abrahán, para buscar una mujer y ganarse la vida. Al llegar a la ciudad de su madre Rebeca, va al pozo y encuentra —ya lo adivináis— a una hermosa y soltera joven, Raquel (Gn 29, 1-14). Se enamora a primera vista. Como no tiene dinero, promete trabajar para el padre de Raquel, Labán (hermano de Rebeca), durante siete años para ganar el dinero del precio de la novia (los jóvenes pagaban al padre de la novia una buena suma de dinero por el privilegio de obtener su mano en matrimonio en aquellos días. Era una práctica excelente que yo, como padre de tres hijas, apruebo de corazón). Pero los años volaban para el amor de Jacob, y al final pudieron casarse (vv. 15-20).

Pero entonces Labán cometió una maldad que hizo a tres buenas personas jóvenes desgraciadas para el resto de sus vidas. Tomó a su hija soltera, mayor, menos agraciada, Lía, y la deslizó en la noche en la tienda nupcial de Jacob. Por la mañana, Jacob despertó, miró a su esposa y vio que era Lía. Como podemos suponer, tuvo unas palabras escogidas con Labán. Pudo casarse luego con Raquel, sin embargo, una semana después, y ahora tenía a dos hermanas como esposas —una situación tan mala que más tarde Moisés la declarará ilegal (Lv 18, 18)—.

Labán es el bribón en todo este asunto. Jacob no quería más que una esposa. Él solo quería a Raquel. Ni Raquel ni Lía querían formar parte de un matrimonio polígamo. Ellas dos fueron peones en el plan de Labán de endosar sus dos hijas a su yerno. Es una receta para una gran infelicidad. Lía sabía que no era querida, pero Dios la bendijo con hijos (Gn 29, 30-34). Raquel tuvo el amor de Jacob, pero no hijos (30, 1). Lía envidia el amor de Raquel, y Raquel envidia la fertilidad de Lía. Se disputan a su marido y comienza una *baby war*, como una nueva página del manual de Sara que pone en acción a las siervas de sus amas, Bilhá y Zilpá, como madres suplentes (30, 3-24). En cierto modo, todos estos chanchullos logran *algo* bueno —Jacob termina con doce hijos—. Pero son de cuatro madres diferentes, y la mayor parte de los hijos se resienten del hecho de que su padre no ama realmente a su madre. Eso provoca rivalidad entre los hijos de diferentes madres, y la mayor parte del rencor termina centrándose en José, el hijo mayor de Raquel, la única esposa a la que Jacob amó siempre y con la que quiso casarse.

Todos conocemos la historia de José. Sus hermanos le odiaban y primero quisieron matarlo; luego decidieron venderlo como esclavo (Gn 37, 1-28). Pero José, sorprendentemente, resulta ser un joven de gran fe e integridad. Sus virtudes y sus dones proféticos le permiten pasar de la esclavitud egipcia a la posición de administrador real en la casa del Faraón (Gn 39-41). Pero cuando el hambre lleva a sus hermanos a Egipto para comprar grano, José no se resiste a una cierta venganza (Gn 42-44). Juega con sus hermanos y, aunque no les hace daño, hace difíciles sus vidas hasta que finalmente Judá —el mismo hermano que le vendió como esclavo— se adelanta y ofrece su propia vida a cambio de la vida de Benjamín, el más joven y único verdadero hermano de José (Gn 44, 18-34). Este acto de generosidad rompe la amargura, envidia y resentimiento que ha distanciado a los hermanos y abre el camino a la reconciliación (Gn 45). Así el libro del Génesis termina bien, con los hermanos superando sus resentimientos y llevando todos sus familias a Egipto, donde vivirán como una gran familia feliz —al menos durante un tiempo (Gn 46-50)—.

Pero notad lo que el autor sagrado nos ha mostrado a lo largo del relato: la creación de Dios culmina en el matrimonio. El matrimonio es el único camino de las intenciones de Dios para que la humanidad pueda estar completa. El plan de Dios para el matrimonio antes de la caída era un hombre y una mujer unidos de por vida.

La bigamia fue la mala invención del psicópata Lamec. La poligamia es tan mala que condujo al Diluvio. Todos los salvados en el arca —tanto humanos como animales— eran monógamos. Cuando los patriarcas se salieron de la monogamia, sucedieron malas cosas. Ningún patriarca quiso la poligamia —eso se lo impusieron otros (sus esposas o Labán)—. La rivalidad entre los hijos que trajo la poligamia por poco arruina la familia de Jacob. Solo la generosidad de Judá para con su hermano de diferente madre (Benjamín) salvó a la familia.

Cuando la gente pregunta: "¿Por qué la Biblia aprueba la poligamia? ¿No tuvieron los patriarcas más de una esposa?", están respondiendo a una lectura muy superficial. La gente no suele leer lenta y concienzudamente como para darse cuenta del mensaje que Dios trata de enviarnos. El mensaje es: ¡quédate con una esposa! Eso conduce a la felicidad.

Ha llegado el momento de dibujar unos muñequitos que pueden capturar algunas de la principales ideas sobre los matrimonios de patriarcas y matriarcas. Obviamente, no podemos dibujarlos todos. Pondremos el foco en Isaac y Rebeca. Son la pareja central de los tres *sets* de patriarcas y matriarcas. También vivieron su matrimonio como el mejor de todos ellos.

Comenzamos con un pozo.

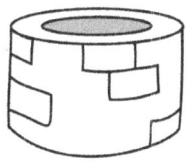

Ahí fue donde Isaac y Rebeca se encontraron. Bueno, Isaac cortejó a Rebeca por intermediario, que parece algo raro ahora. Pero funcionó.

Luego dibujamos a Isaac.

Sí, ya sé que es más guapo, pero no nos fijamos en el aspecto por ahora. Tenemos cosas más serias que considerar, como la naturaleza de su sacrificio. Así, a la derecha de Isaac vamos a dibujar un carnero. Este es el carnero que ocupó el lugar de Isaac sobre el altar en la cumbre del Monte Moria. Eso nos recuerda la *aqedah,* la atadura de Isaac sobre el altar cuando se ofreció como sacrificio a Dios. Es la más cercana experiencia a la Cruz que encontramos en el Antiguo testamento. El carnero es un recuerdo de la voluntariedad de Isaac para darse él mismo por completo.

Esto es lo que hizo de Isaac y Rebeca tan buena pareja. Los dos eran generosos, deseosos de darse del todo.

Vamos a dibujar a Rebeca.

Luego añadiremos el símbolo de la entrega de Rebeca: su cántaro.

Mejor le ponemos una cuerda para que pueda levantarlo del pozo.

Fue su cántaro lo que le valió a Rebeca el rol de esposa de Isaac, princesa de tribu, y gran matriarca de Israel. Rebeca fue un alma generosa que se entregaría incluso cuando duele.

Tanto Isaac como Rebeca nos recuerdan a Jesús. Isaac llevó la leña de su sacrificio en su espalda monte arriba. En la cumbre, fue colocado sobre la madera para ser sacrificado a Dios por amor de su padre, como Jesús haría en el Calvario. Rebeca quiso sacar probablemente 180 galones de agua con sus propias fuerzas, simplemente porque vio que ese extraño estaba en necesidad y sediento. De modo semejante, cuando Jesús estaba invitado a una boda en Caná, convirtió 180 galones en el mejor vino para satisfacer la sed de todos aquellos invitados. Jesús terminaría su vida pidiendo beber (cf. Jn 19, 28), tratando de ver si había allí alguien que fuese una "Rebeca" para él. Pero nadie se adelantó. Todo lo que obtuvo fue una esponja empapada en vinagre.

Isaac y Rebeca comprendieron lo que san Juan Pablo II llamaría "La Ley del Regalo". Es dándonos completamente, enseñaba Juan Pablo II, como descubrimos y crecemos en el amor. Y cuando encontramos a otra persona que practica el mismo amor entregado, puede ser algo muy hermoso. El matrimonio requiere una total entrega de cada esposo al otro. Cuando ambos viven eso bien, llegan a una gran felicidad porque —lo sepan o no— los dos están siendo como Jesús.

Cuatro
DIOS E ISRAEL EN EL SINAÍ

CUANDO COMENZAMOS el libro del Éxodo, tenemos algunas buenas noticias. Después de todas las luchas contra la infertilidad que padecieron los abuelos y abuelas de Israel (cf. Gn 11, 30; 25, 21; 29, 31), finalmente los descendientes de Abrahán fueron «prolíficos y crecieron, se multiplicaron y se hicieron muy fuertes, hasta ir llenando el país entero» (Ex 1, 7). El mandamiento y la bendición de Dios a Adán y Eva en Génesis 1, 28 se ha cumplido en el pueblo de Israel.

Dios había prometido a Abrahán que haría de él una gran nación (Gn 12, 2). Sus descendientes son ahora bastante numerosos para constituir una nación, pero hay dos cosas que necesitan: leyes y tierra. Para satisfacer estas dos necesidades, Dios les envía un libertador, Moisés.

Parece que el plan original de Dios para liberar a Israel fue la adopción de Moisés en la casa del Faraón. Luego, a su tiempo, subiría al poder y liberaría a su pueblo legal y pacíficamente. Podríamos llamar a esto el Plan A de Dios.

Si Moisés no hubiese perdido la cabeza y esperado su tiempo, el Plan A hubiera funcionado. Como ocurrió, él perdió los nervios, mató a un oficial egipcio, y dispuso chapuceramente del cuerpo (Ex 2, 11-15). Se descubrió como un simpatizante israelita, y tuvo que huir de la corte del Faraón al desierto oriental, a un país de pastores conocido como Madián. Allí se sentó junto a un pozo —ya lo habéis adivinado— y encontró a su futura esposa, Séfora, que llegó a darle dos hijos (vv. 15-22).

Podrías pensar que el asunto del matrimonio en la Biblia continuaría con Moisés, porque él encuentra a su esposa de modo parecido a como lo hicieron Isaac y Jacob. Pero en realidad, la Biblia se ocupa poco del matrimonio de Moisés. En su lugar, el tema del matrimonio bascula en el Éxodo, y mujer y marido pasan a ser el pueblo y Dios, por primera vez en la Biblia.

Como todos sabemos —desde que vimos la película de Cecil B. DeMille, *Los Diez Mandamientos* con Charlton Heston o la de Dream Works, *Príncipe de Egipto*— Moisés sacó al pueblo de Israel de Egipto y lo llevó, a través del Mar Rojo, al Monte Sinaí, donde Dios se unió con el pueblo y mostró su presencia en la forma de una gran tormenta sobre la montaña. Los acontecimientos luego se desenvuelven como la ceremonia de un matrimonio. Moisés juega el rol del clérigo o del juez de paz que asiste al matrimonio. Recibe de Dios los Diez Mandamientos (Ex 20) y algunas otras leyes básicas (Ex 21-23) que son los términos de la alianza, la solemne relación familiar entre Dios e Israel. Esas leyes pueden también compararse con un contrato de matrimonio.

Moisés lee todas las leyes a Israel, para que el pueblo sepa que sus derechos y responsabilidades son como "esposa" de Dios. El pueblo responde con un solemne juramento: «Haremos todo lo que ha dicho el Señor» (Ex 24, 3). Luego, Moisés completa el "desposorio" de Dios con Israel. Toma la sangre de los animales sacrificados y rocía la mitad sobre el altar y la otra mitad sobre el pueblo. Que el pueblo y Dios reciban cada uno la mitad de la sangre indica que ambos entran igualmente en esta alianza a modo de matrimonio. La sangre tiene dos significados. Uno es parentesco: Dios e Israel son ahora familia; comparten la misma sangre. El otro significado es una maldición. La sangre rociada significa: "Que se derrame mi sangre si no guardo el compromiso que he adquirido en esta ceremonia".

Después de una boda, normalmente hay una recepción con una buena comida, y en el Sinaí vemos eso también. Después de los juramentos y ceremonias, setenta ancianos del pueblo suben al Monte Sinaí con Moisés y comparten una comida con el Señor. La Biblia dice: «... pudieron contemplar a Dios. Después comieron y bebieron» (Ex 24, 11). Más tarde la tradición judía comprendió que esto significaba que miraron a Dios, y de ese modo comieron y bebieron. En otras palabras, la visión de Dios fue su alimento y su bebida. Era un anticipo del cielo, cuando todos veremos a Dios cara a cara. La Iglesia llama a esto la "visión beatífica".

Israel estaba ahora "casado" con Dios por esta ceremonia de alianza que Moisés había celebrado para ellos. En la antigüedad, después de un desposorio, el novio prepara un lugar para vivir él y su esposa, y luego vuelve para llevarla a vivir con él. En el Éxodo vemos algo parecido. Después del "desposorio" de Dios con Israel en el Sinaí, Moisés vuelve al monte para recibir instrucciones sobre el tabernáculo, el santuario portátil donde Dios vivirá con su pueblo.

Sin embargo, la luna de miel no duró mucho. Cuarenta días después, el pueblo de Israel se impacientó esperando que Moisés bajase del monte, y prescindieron completamente de su nueva relación con Dios. Acudieron al hermano de Moisés, Aarón, y le dijeron: «Anda, haznos un dios que vaya delante de nosotros, pues de ese Moisés [...] no sabemos qué ha sido de él» (Ex 32, 1). Aarón les hizo un ídolo de un becerro de oro, quizá una imagen del dios toro Apis, al que ellos habrían adorado en Egipto. El pueblo le festejó como a un dios y le ofrecieron sacrificios. Luego el pueblo «se sentó a comer y a beber, y luego se levantaron para divertirse» (32, 6). La palabra "divertirse" es un modo cortés de decir que comenzaron a hacer en público cosas que solo se harían con esposas en privado. Vemos aquí el mismo esquema bíblico del que ya hemos hablado: cuando las personas rompen la alianza con Dios, también suelen romper la alianza del matrimonio. El pecado del becerro incluye tanto el adulterio espiritual con un falso dios como el adulterio físico en el pueblo.

Cuando el pueblo de Israel hizo la alianza con el Señor, recibió el rocío de sangre, que significa: "Que se derrame mi sangre si no guardo el compromiso adquirido". Con sus últimos actos, se han atraído una maldición de muerte. Y corresponde a Dios imponerles la maldición que han jurado. Así, en el monte, mientras están hablando Moisés y Dios, de repente Dios dice a Moisés: «Deja que se inflame mi cólera contra ellos hasta consumirlos» (Ex 32, 10). Pero Moisés intercede por el pueblo, y en respuesta a sus peticiones, Dios los perdona. Moisés baja al campamento, castiga a los que han encabezado esta desenfrenada fiesta, y recupera el control del pueblo. Ruega a Dios una vez más y Dios renueva la alianza con Israel —pero no sin algunas leyes adicionales dirigidas a asegurar que algo como la rebelión del becerro no suceda otra vez—.

Moisés procede a construir el tabernáculo de acuerdo con todas las instrucciones que Dios le ha dado mientras estaba en el monte. Al final del libro del Éxodo, el tabernáculo está terminado, y la presencia de Dios baja y llena todo el tabernáculo con su gloria. Así el Éxodo termina con una hermosa nota: a pesar de la infidelidad del pueblo, Dios el esposo baja para vivir con Israel su esposa en su casa común, el tabernáculo.

Diremos algo sobre las leyes del matrimonio que Moisés estableció para el pueblo de Israel. Muchas están dirigidas a proteger la unión de los cuerpos que está en el centro del matrimonio. Dios estableció esa sagrada unión para simbolizar el total y permanente compromiso de los esposos. Por eso, la unión sexual no debe tener nunca lugar cuando aún no existe ese total y permanente compromiso —por ejemplo, entre personas no casadas entre sí (Ex 20, 14), personas no casadas en absoluto (Ex 22, 15-16), o personas que no pueden casarse por alguna razón (Lv 18, 20)—. Más tarde en su vida, después de luchar sin éxito durante cuarenta años para lograr que los israelitas siguieran la ley de Dios, Moisés rebajó este nivel. En el libro de Deuteronomio, formado al final de la vida de Moisés, dio a los israelitas leyes que toleran la poligamia (Dt 21, 15-16) y el divorcio (Dt 24, 1-4). Jesús explicará más tarde que Moisés permitió esto "por la dureza de corazón" de Israel (Mt 19, 7-9).

Los israelitas tuvieron problemas para guardar los compromisos de su alianza. Rompieron la alianza con el Señor no solo en el incidente del becerro de oro (Ex 32), sino diez veces más mientras caminaban por el desierto durante cuarenta años. Del mismo modo, tampoco guardaron los compromisos de la alianza con sus esposas. Así que Moisés, agotado después de décadas de lucha, se rindió de mala gana y permitió romper los matrimonios, aunque ese —como señala Jesús— no era el plan original de Dios (cf. Mt 19, 8). Con todo, al final de la vida de Moisés, en el Deuteronomio, dio leyes que apuntan a la bondad y alegría que pretende Dios para el matrimonio. Por ejemplo, Moisés mandó que un recién casado no puede ser alistado en el ejército u obligado a cualquier otro servicio, para quedar libre en su casa durante un año y alegrar a su mujer (Dt 24, 5). Más tarde, los rabinos entenderían así que uno de los sagrados deberes de un marido es hacer feliz a su esposa. Esa era la intención original de Dios —que el matrimonio diera amor y alegría a los esposos—.

Dios es el esposo perfecto, y quiere amor y alegría para su esposa, Israel. Incluso las leyes de Dios no fueron dadas a Israel como carga o restricción, sino «para que viváis y os vaya bien y prolonguéis los días en la tierra que vais a poseer» (Dt 5, 33). Así pues, vamos a comenzar a dibujar el "matrimonio" de Dios e Israel en el Sinaí.

Arrancamos dibujando el Sinaí.

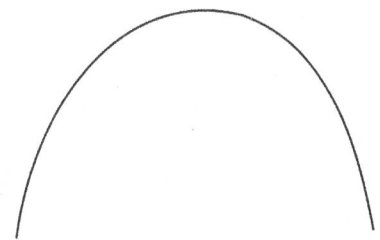

Ha sido fácil. El resto será más duro.

¿Cómo podremos representar la celebración de una alianza nupcial entre el Dios creador invisible y toda la nación de Israel? Lo haré lo mejor que pueda. ¡No seáis demasiado críticos!

Voy a empezar colocando a Moisés en el Monte Sinaí.

Moisés juega una parte especial en esta alianza matrimonial. Su rol es organizar el matrimonio y aceptar los votos entre las partes, como el ministro en las bodas más modernas. Los ministros suelen llevar una Biblia o libro de oraciones, así que pondremos los Diez Mandamientos en las manos de Moisés —lo más parecido a una Biblia en aquellos días—.

Ahora, dibujamos al novio. Este novio es divino y no puede ser retratado en ninguna forma terrena. Le representaremos como aparece en el Sinaí, mostrando su gloria a través de una gran tormenta en la cima del monte.

Ahora, la novia. La novia aquí es todo el pueblo de Israel, que formó una gran multitud al pie del monte. Dibujar una multitud parece un desafío a primera vista, pero no es para tanto.

Lo hemos logrado con tres israelitas, porque todo el mundo sabe que tres es una multitud.

Pero no es lo bastante bueno, porque necesitamos señalar al pueblo de Israel como la novia, así que pondremos a los israelitas velos y ramos.

Y aquí los tenéis: la alianza nupcial entre Dios y su pueblo en el Sinaí, con Moisés sirviendo como ministro.

La fidelidad de Dios a esta alianza para el resto de la historia servirá de modelo para todos los matrimonios humanos.

CINCO
BOOZ Y RUT

POR SUPUESTO, MOISÉS NO logró llevar al pueblo hasta la Tierra Prometida. Eso lo hizo su sucesor, Josué. La historia de la conquista de Israel y el asentamiento en su tierra se narra en el libro que lleva el nombre de Josué. Tras la muerte de Josué, sin embargo, Israel se hunde en un tiempo oscuro donde el caos moral y social son lo normal, y el pueblo estuvo con frecuencia a merced de sus enemigos. Periódicamente, Dios quiso enviarles un salvador, un "juez", que les conduciría a la victoria sobre sus enemigos y establecería una paz temporal. Por eso llamamos a esta época la de los jueces, narrada en el libro del mismo nombre.

El tema del libro de los Jueces se expresa claramente dos veces: «En aquel tiempo no había rey en Israel sino que cada uno hacía lo que le parecía recto a sus ojos» (Jc 17, 6 y 21, 25). Eso significa que no había una autoridad central, así que cada uno hacía lo que gustase.

El resultado era el caos. Buena parte del pueblo resultó herida, particularmente mujeres. Una de las víctimas de este caótico periodo fue el respeto por las mujeres y el matrimonio. De hecho, el libro de los Jueces termina con una chocante historia que pinta esta pérdida de respeto. La historia comienza con una mujer que es raptada y asesinada por una turba y termina con cientos de jóvenes mujeres secuestradas y forzadas a casarse (Jc 19-21).

¿Por qué hay tales historias en la Biblia? En primer lugar, la Biblia es un libro realista, y cosas espantosas como estas sucedieron y continúan sucediendo en el mundo. Y también, el punto es que nosotros *deberíamos* quedar impresionados por una historia como esta. Eso ilustra lo que puede suceder en un país cuando no hay una clara autoridad moral y cada uno hace lo que quiere.

Sin embargo, hay algunos puntos brillantes en este tiempo de tinieblas. Uno de ellos está en la pequeña ciudad de Belén, la ciudad donde nacerían dos grandes reyes: David y, mucho más tarde, Jesús. Incluso en el tiempo de los jueces, Belén era un lugar donde la gente amaba a Dios, seguía sus leyes y mostraba respeto por las mujeres y el matrimonio. Vemos eso en uno de los más cortos y hermosos libros de la Biblia, Rut.

El libro de Rut comienza con una crisis. Hay una hambruna en Israel. Es tan mala que un hombre de Belén llamado Elimélec tiene que irse a la tierra de Moab para encontrar comida para su mujer y dos hijos (Rt 1, 1-2). Eso es irónico, pues "Belén" significa "casa [*beth*] del pan [*lehem*]". Las cosas se pusieron tan mal que ¡no había pan en la casa del pan! No solo eso, sino que Moab era un enemigo de siempre del pueblo de Israel. Un israelita de

Belén mudándose a Moab por comida sería hoy como un cultivador de maíz de Nebraska teniendo que mudarse a Rusia para alimentar a su familia en plena Guerra Fría.

Las cosas no fueron demasiado bien en Moab. La familia de Elimélec vivió allí una década, pero en ese tiempo Elimélec murió, seguido por dos hijos, dejando a su mujer y a dos nueras viudas (vv. 3-5). La viuda de Elimélec, Noemí, oyó que el hambre había terminado en Belén y decidió volver a su tierra. Sus nueras quieren ir con ella, pero ella les pide que no lo hagan; ellas son de Moab, y no hay futuro para ellas en Belén (vv. 6-15). Pero su nuera Rut no quiere dejar a Noemí. Y le dice: «No me obligues a marcharme y a alejarme de ti, pues adonde vayas iré y donde pases las noches las pasaré yo; tu pueblo será mi pueblo y tu Dios será mi Dios; donde mueras moriré y allí mismo recibiré sepultura. Que el Señor me haga esto y aquello me añada, si no es la muerte lo que nos separe a ti y a mí» (Rt 1, 16-17).

Son palabras fuertes. Eso es en realidad una alianza jurada. Puedes recordar lo que dijimos: una alianza es la extensión del parentesco por juramento. Rut está jurando ser la hija de Noemí sin importar lo que suceda, bajo pena de muerte. Y convirtiéndose en la hija de Noemí, está aceptando también al pueblo de Noemí y a su Dios. Es bastante dramático. Rut será en todo como una hija israelita para Noemí. En especial, Rut se ha entregado a la protección del Dios de Israel, cosa que aumenta la tensión de la historia: ¿Va a venir el Dios de Israel en su auxilio?

Las dos mujeres llegan a Belén y preparan una casa para ellas. Noemí es demasiado anciana para trabajar, así que Rut sabe que le corresponde a ella proveer para las dos. No hay muchos modos para las mujeres de sostenerse en aquellos días, pero podría *espigar* —eso es seguir a los segadores en el campo y recoger las espigas que queden detrás de ellos sin segar—. Por suerte llegó al campo de Booz, un pariente rico de Noemí (Rt 2, 1-3).

Y pronto nuestro héroe, Booz, se presenta en persona (2, 4). El nombre de "Booz" significa "en él está la fuerza". Gran nombre para un tipo. También es rico y un pariente del marido fallecido y del suegro de Rut. En el antiguo Israel, si el marido de una mujer muere, es legal que el hermano o el pariente más cercano del marido se case con ella, así ella tendrá un hogar e hijos (Dt 25, 5-10). El pariente más cercano tiene el derecho y la obligación de casarse con la viuda. Se llama un "redentor" —en hebreo, un *goel*—. Booz es un redentor. Todo esto es grande. Tan pronto como aparece Booz, sabemos que es "el bueno".

La primera cosa que sale de la boca de Booz es el nombre de Dios: «El Señor esté con vosotros», les dice a sus segadores (2, 4). Ellos responden: «Que el Señor te bendiga» (2, 5). ¡Suena como en la Misa! Booz y sus obreros se toman a Dios en serio y están comprometidos con su fe.

Booz no deja de darse cuenta de que hay una desconocida mujer joven espigando en el campo —después de todo, Belén era una pequeña población donde todos se conocen—. Cuando se entera de cómo ella dejó su vida anterior para cuidar de su suegra, queda muy impresionado. Le dijo que era bienvenida en su campo, invitándola a quedarse en su propiedad, donde él se asegurará de que esté bien y los muchachos no la molesten ni flirteen con ella (2, 5-11). De hecho, incluso pronuncia una bendición sobre ella: «Que el Señor te pague por lo que has hecho, y que te colme de bienes el Señor, Dios de Israel, bajo cuyas alas buscaste refugio» (Rt 2, 12).

Rut es muy agradecida. A la hora de comer, Booz la invita a comer con él y los segadores. Después, él les dice a sus hombres que le dejen algún grano extra en tierra para que ella pueda recogerlo. Realmente la cuida (2, 14-16). No le lleva mucho tiempo a Noemí, la despierta suegra, comprobar que a Booz le gusta Rut y que a Rut tampoco se le escapan sus atenciones. Noemí no es de esas que dejan las cosas al azar, así que monta un plan para que los dos estén juntos a solas. ¿No estará esta noche de fiesta después de la trilla y dormirá luego en el campo? Instruye pues a su nuera: «Báñate, perfúmate, ponte tu manto y baja a la era. ¡Que ningún hombre te reconozca hasta que hayan comido y bebido! Y cuando él se vaya a dormir fíjate dónde se tumba y llégate allí, descúbrele los pies y acuéstate ahí; él te dirá qué tienes que hacer» (Rt 3, 3-4). Esto es un poco atrevido, por decir poco. Es como si le dijese a Rut: "Ponte tu vestidito negro, tacones, y un buen perfume. Pasa el rato en la fiesta hasta que él se acueste en el sofá, luego te acurrucas con él y a ver qué pasa".

El autor sagrado cuenta la historia de lo que sucede luego tan bien que no hay modo de mejorar sus palabras: «Así que bajó a la era e hizo todo lo que le había mandado su suegra. Booz comió, bebió y se alegró su corazón; y cuando se tumbó junto a un montón de gavillas, ella se acercó sigilosamente, le descubrió los pies y se acostó. A medianoche el hombre sintió frío y al revolverse vio que la mujer estaba acostada a sus pies y le dijo: "Quién eres". Y ella respondió: "Soy Rut, tu esclava. Extiende el borde de tu manto sobre tu esclava, ya que tú eres su *goel*"» (Rt 3, 6-9).

¡Pero bueno, esto es realmente intenso! Este el punto de la película donde tú llegas a cerrar tus ojos de niño y te dices: "¡Yo pensaba que estaba calificada como APTA!". Rut está haciendo una gran jugada a Booz en mitad de la noche, después de que él ha bebido un poco más de la cuenta en una fiesta. ¿Qué va a pasar?

Advirtamos especialmente que ella le ha pedido que extienda el borde de su manto sobre ella. Eso era un gesto muy importante en el antiguo Israel. Algo que un hombre no hacía más que en una ceremonia nupcial (Ezequiel 16, 8). Significa que la tomaba por esposa y se comprometía a vestirla, alimentarla, cuidarla y protegerla a ella y a sus hijos para toda la vida. Rut le está pidiendo a Booz que se case con ella, y ha procurado tentarle. Booz está en la línea de parentesco para casarse con ella de acuerdo con la ley de Israel: «Ya que tú eres [mi] goel» (Rt 3, 9).

Es verdad que había una razón moral y legal para que Booz se casase con Rut, pero en mitad de la noche el suelo de un campo de trilla no parece el lugar apropiado para celebrar una boda. Las cosas se hubiesen salido de control si Booz no hubiese sido un tipo tan bueno. Pero incluso en la oscuridad de la noche, después de haber bebido lo suyo, y con una atractiva y fácil joven a su lado, Booz todavía piensa con claridad y hace lo correcto: «Bendita seas del Señor, hija mía. Tu último acto de piedad ha sido mejor que el primero, pues no has ido detrás de los jóvenes, ya sean pobres o ricos» (Rt 3, 10). Así nos enteramos de que Booz está impresionado por el ofrecimiento de ella. Le hubiese gustado, pero piensa que a ella le conviene un hombre más joven. Pero mira cómo, incluso en esta comprometedora situación, las primeras palabras que salen de su boca son una bendición del Señor. A mí me gusta Booz, es un gran tipo.

La historia se desenvuelve rápida y dulcemente. Booz acepta casarse con Rut, siempre y cuando se cumplan los detalles legales (3, 10-13). Él entrega grano a Rut para que se lo lleve a Noemí y la despide antes del amanecer para que la reputación de ella quede intacta. No quiere que la vean como la clase de muchacha que rondaría por el campo de trilla para colarse en la fiesta de un tipo (vv. 14-18). A la mañana siguiente él debe ocuparse de un asunto: técnicamente, hay otro pariente en la familia que tiene preferencia sobre Rut y la propiedad de su difunto marido. Booz encuentra al hombre y trata con él a la puerta de la ciudad (4, 1-4). Por suerte, este hombre ya está casado y no le interesa complicarse la vida (vv. 5-6). El camino está despejado ahora para que Booz se case con Rut, y no pierde el tiempo. Pronto están casados y tienen un muchachito, Obed (4, 7-13). Noemí se alegró mucho y le hizo de aya. A su tiempo, Obed fue el padre de Jesé, el padre de David (vv. 13-22). Así Rut la moabita se convirtió en bisabuela del rey de Israel y antepasada de Jesús, Rey del Mundo.

El libro de Rut contiene dos importantes mensajes. Un mensaje es que Dios proporciona esperanza en tiempos duros. Incluso en el caos total del tiempo de los jueces, había aún algunos lugares como Belén donde el pueblo amaba al Señor y seguía sus leyes, incluyendo las especiales reglas para cuidar del pobre y vulnerable, como las viudas y huérfanos. También, confiando en el Señor y siguiendo su ley, Rut y Booz se encontraron el uno al otro, fueron felices, y fundaron una familia. Su matrimonio y familia proporcionaron una respuesta a los terribles tiempos que tuvieron que vivir, pues su bisnieto sería quien finalmente puso fin al caos e hizo de Israel un gran reino.

Nosotros estamos viviendo en un tiempo difícil, cuando el matrimonio está desapareciendo, la vida de familia cae a pedazos, y la soledad crece —incluso en la Iglesia—. Pero Dios puede todavía trabajar a través del pueblo sencillo que le ama, que ama a los demás, y sigue el plan de Dios para el matrimonio. El futuro descansa sobre las parejas temerosas de Dios como Booz y Rut.

Un segundo mensaje es que cuando somos fieles a Dios y sus leyes, Dios nos conduce a nuestra verdadera vocación. Booz y Rut tenían vocación al matrimonio —en concreto para casarse entre ellos—. Pero nunca se hubiesen encontrado si antes no hubieran sido fieles al Dios de Israel. Si Rut no hubiese jurado ser fiel a Noemí, a su pueblo y a su Dios, hubiera vuelto a Moab como hizo su otra nuera, Orpá. Entonces no habría matrimonio con Booz, ni David, ni libro de Rut, etc. Del mismo modo, si Booz no hubiese seguido las leyes de Dios, que mandan especial cuidado y compasión para las viudas y extranjeros (Dt 24, 19-22), no habría terminado casándose con Rut. Siguiendo a Dios se encontraron el uno al otro. Ese es un excelente camino para encontrar una esposa.

Los Padres de la Iglesia ven a Booz como un *tipo* (eso es, como una imagen o prefiguración) de Cristo, uno "en quien está la fuerza", que provee a su esposa con el "mejor trigo" (Sal 81, 16), la Eucaristía. Y Rut es un tipo de la Iglesia, que puso su fe en Dios y así encontró un esposo que la provee con alimento espiritual y fertilidad.

Finalmente, el bisnieto de Booz y Rut, David sería otro importante tipo de Jesús, esposo de la Iglesia.

Vamos a dibujar nuestra imagen de Booz y Rut (algo más fácil que lo de Dios e Israel en el Sinaí).
Primero dibujamos a Rut.

Le ponemos unas espigas de trigo, y así la distinguimos de la otra gran mujer de la historia de la salvación.

Lo siguiente es dibujar a su marido, Booz.

Su mano está abierta, preparada para agarrar un mayal.

El mayal son dos fuerte palos unidos por una correa, sirve para trillar el grano. Simboliza la habilidad de proporcionar comida a otros. Booz es el gran "sustentador" del libro de Rut. Es interesante que el mayal se asocia también a la realeza, pues un buen rey se asegura de que su pueblo tenga comida. Esto nos recuerda que Booz es padre de reyes. Hablando de paternidad, pongamos también al pequeño Obed en esta ilustración:

Después de todo, el matrimonio de Rut y Booz no era algo para ellos solos; como en cualquier matrimonio, su finalidad era crear una familia.

Obed a su vez fue padre de Jesé, que fue el padre de David, el fundador de la dinastía real. Aunque sea un poco pronto, pondremos una coronita en Obed para representar la dinastía que viene de su línea.

En esta imagen vemos muchos tipos. El grano es tipo de la Eucaristía. Tal como Booz usa la madera de su mayal para obtener grano con que alimentar a Rut, así Cristo usa la madera de la Cruz para darnos su cuerpo como verdadero alimento para la Iglesia. Booz también hace fecunda a Rut, apta para tener un hijo, como Jesús nos hace dar fruto de buenas obras y ganar almas para él. Esta imagen nos recuerda la estrecha relación entre los sacramentos del Matrimonio y de la Eucaristía, pues ambos suponen la entrega y unión de los cuerpos, que proporciona nueva vida.

SALOMÓN Y SU ESPOSA
El Cantar de los Cantares

El hijo de Booz y Rut continuó viviendo en Belén y amó al Señor como sus padres. Su nieto Jesé fue un próspero granjero, y eso fue también su octavo hijo al que eligió el profeta Samuel para ser rey de todo Israel. Cuando Samuel llegó a la casa de Jesé y ungió al joven David con aceite: «El Espíritu del Señor invadió a David desde aquel día» (1 S 16, 13). David es la única persona en el Antiguo Testamento que tuvo la continua presencia del Espíritu Santo.

Por supuesto, cuando David fue ungido rey por Samuel, Israel ya tenía un rey: el perturbado Saúl, que había comenzado muy bien pero después se apartó del Señor. David esperó su momento, soportando el abuso de Saúl hasta el colapso de su reinado. Entonces todo el pueblo de Israel comprendió que David era su mejor opción como rey. La Biblia lo describe así: «Todas las tribus de Israel vinieron junto a David a Hebrón y le dijeron:

"Aquí nos tienes. *Hueso y carne tuya somos* [...]". Vinieron también todos los ancianos de Israel junto a David, a Hebrón; y el rey David hizo con ellos un *pacto* en Hebrón ante el Señor. Luego ungieron a David como rey de Israel (2 S 5, 1-3 énfasis añadido).

La declaración, "Hueso y carne tuya somos", es lenguaje de alianza, nos recuerda la del matrimonio entre Adán y Eva (Gn 2, 23). Significativamente, la de las tribus de Israel *no* dice a David: "Tú eres nuestro hueso y nuestra carne", declarando a David algo suyo, como Adán declaró a Eva. Ese es el rol del novio. En su lugar, ellos adoptan el rol de la novia: "Nosotros somos *tu* hueso y tu carne". En otras palabras: "Tómanos, te pertenecemos", semejantes a la propuesta de Rut a Booz (ver Rt 3, 9). David acepta y hace una alianza con el pueblo. Eso no es propiamente un matrimonio, por supuesto, pero era algo parecido al matrimonio, en el que el rey era el marido del pueblo. Se suponía que el rey protegía, proveía, cuidaba y amaba al pueblo. Y el pueblo iba a amar y seguir al rey en respuesta.

La semejanza al matrimonio de la relación entre el rey y su pueblo se encuentra en otros sitios de la Biblia. Por ejemplo, más tarde en el reinado de David, su hijo Absalón le derroca. Absalón se proclama rey en Jerusalén, pero David huye al este con soldados leales. El consejero real Ajitófel dijo a Absalón: «Permíteme elegir a doce mil hombres y lanzarnos a perseguir a David esta misma noche [...], heriré sólo al rey, y conduciré hacia ti a todo el pueblo, que volverá *como retorna una esposa a su marido*» (2 S 17, 1-3 énfasis añadido). Aquí de nuevo vemos que el rey es un marido para el pueblo como mujer.

Esta romántica relación entre rey y pueblo no alcanza su culmen bajo David sino con el hijo de David, Salomón. El gran romántico héroe del Antiguo Testamento es Salomón, pues es el protagonista del gran poema bíblico de amor conocido como el Cantar de los Cantares.

El Cantar de los Cantares es el más inusitado libro de todo el Antiguo Testamento. Es una clase por sí mismo, ningún otro es así. Las reacciones del público han sido fuertes y de diversa valoración —algunos lo encuentran ofensivo, otros cómico, y muchos santos lo ven como el más profundo y místico de todos los libros del Antiguo Testamento—. ¿Cómo puede provocar un libro tan diferentes reacciones? ¿Qué es el Cantar de los Cantares?

Consiste en una colección de poemas de amor, centrados en Salomón y su novia, organizada en una trama. Muchos de los poemas son surrealista fantasía. No describen eventos reales sino sueños, o sueños a la luz del día, de la novia de Salomón conforme se acerca el día de su boda. Los poemas están escritos como diálogos, con partes habladas por la novia, el novio y un coro compuesto por doncellas amigas de la novia, llamadas "las hijas de Jerusalén". De hecho, el Cantar de los Cantares puede representarse como un musical o una ópera ligera, con un hombre, una mujer y un coro para cantar las diferentes partes.

El Cantar abre con un *coloquio*, parte de una obra o musical donde hablan todos (Ct 1,1-2,7). Intervienen la novia, el novio y el coro. La novia anuncia que la llevan a las alcobas del rey, junto con sus doncellas (damas de honor) —en otras palabras, una boda real está a punto de celebrarse (Ct 1, 1-4)—. Luego la novia y el novio intercambian cumplidos, pretendiendo ser un pastor y una pastora, probablemente flirteos de sus roles (1, 5-2, 5). De tiempo en tiempo, el coro de doncellas campanillea conforme uno y otro de la joven pareja expone su amor (1, 4-11). Finalmente la escena concluye diciendo la novia:

> Su izquierda sostiene mi cabeza,
> su derecha me abraza.
> Os conjuro a vosotras, hijas de Jerusalén,
> por las gacelas y las ciervas del campo:
> no despertéis, no desveléis al amor,
> hasta que él quiera (Ct 2, 6-7).

¡Sorpresa! Podíamos pensar que el novio estaba allí con ella. La clave está en que, en buena parte del Cantar, ella está soñando —a veces, despierta— sobre su cercana boda y luna de miel.

Después de este coloquio de apertura (Ct 1,1-2, 7), tenemos una especie de sueño despierta en que el novio viene saltando por los montes para llegar fuera del jardín de la novia e invitarla a correr con él por los montes para gozar de la primavera (2, 8-17). Luego tenemos la secuencia de un sueño real, en el que la novia está en su cama por la noche y sueña que ha salido a la ciudad para encontrar a su amado (3, 1-5). Cuando lo encuentra, lo abraza y lo trae de vuelta a casa. El sueño termina con la novia repitiendo que no despierten al amado hasta que él quiera.

En el centro del Cantar de los Cantares está la gran visión de Salomón y su novia trasladados a Jerusalén en el palanquín real o litera, una suerte de lujosa alcoba móvil llevada sobre andas por guardias reales (Ct 3, 6-5, 1). Primero, vemos la litera real llevando a Salomón desde el desierto oriental a la ciudad real de Jerusalén (3, 6-11); luego entramos en la litera y oímos la íntima conversación entre Salomón y su novia. Él la halaga y describe toda su belleza, de la cabeza a los pies, en floreada poesía (Ct 4, 15). Ella responde invitándolo a venir y abrazarla (4, 16). Él se acerca a ella (5, 1a), y la cortina cae para dar privacidad a los recién casados, mientras el coro de doncellas canta parabienes a la joven pareja (5, 1b).

Lo que sigue es otra secuencia de sueño (5, 2-6, 10) con la misma trama básica que la primera (3, 1-5) pero contada con más detalle. La novia está en su cama, soñando. En su sueño, su amado está llamando a la puerta, pero al abrir ella, él se ha ido. Ella corre a la ciudad de noche para buscarlo, pero no lo encuentra. Acude a sus doncellas. Se ofrecen a ayudarla en la búsqueda, y ella les da una detallada descripción de su amado (5, 10-16). Esta descripción interesa a las doncellas. Comienzan a buscar, pero la búsqueda es pronto superada (6, 1). La novia encuentra a su amado, e intercambian románticos cumplidos y dulces requiebros mientras el coro canta (6, 2-9).

Abruptamente, la novia se despierta, y la encontramos andando por el huerto, donde de repente tiene un vívido sueño despierta (6, 11-12). En su fantasía, su real novio corre en su carro y la toma a bordo (v. 12). Mientras corren juntos, él la llena de piropos, describiendo sus hermosos rasgos de los pies hasta encima de su cabeza (7, 1-9). Ella le pide que la saque al campo donde pueden gozar de la compañía uno del otro, solos entre las viñas (7, 10-13). El sueño termina con la fórmula acostumbrada:

Su izquierda sostiene mi cabeza,
su derecha me abraza.
Os conjuro, hijas de Jerusalén:
no despertéis, no desveléis al amor,
hasta que él quiera (Ct 8, 3-4).

Esto nos permite saber que se trata también de un sueño.

El Cantar termina con un coloquio en que cada uno despierta y habla
(8, 5-14). La novia expresa algunas reflexiones sobre el poder del amor (8, 6-7) y trata con sus amigas sobre el futuro de su hermana pequeña, que pronto será cortejada (8, 8-10). La novia compara su propio cuerpo con una viña y Salomón el dueño de la viña (8, 11-12). El Cantar acaba con la voz del novio mientras él y sus compañeros se acercan a la casa de la novia para llevarla a la boda:

«¡Tú, que moras en los huertos,
los compañeros están a la escucha de tu voz:
házmela oír a mí!» (Ct 8, 13).
Y la novia responde:

«¡Apresúrate, amado mío,
sé como gacela o cervatillo
sobre los montes de aromas!» (Ct 8, 14)

En otras palabras: "¡Aquí estoy. Corre y ven a mí!". El escenario para esto sería el de la antigua boda israelita, que comenzaría con una procesión del novio y sus compañeros a la casa de la novia. Allí, el novio y sus amigos recogerían a la novia y la llevarían a la casa del padre del novio, donde se celebrarían los ritos de la boda. Así que el Cantar de los Cantares termina con dos principales "voces" —las de la novia y el novio, aún no casados, pero a punto de estarlo—.

La antigua interpretación judía del Cantar de los Cantares lo entendía como una alegoría del romance entre Israel y Dios o Israel y el Mesías. Varias características del Cantar facilitan esta lectura. Por ejemplo, el autor compara a la novia del Cantar con muchos caracteres de la tierra de Israel y sus alrededores. Esto tiene sentido si la novia del Cantar *es* de algún modo la tierra de Israel, que el profeta Isaías describe como "casada" con el Señor (cf. Is 62, 4).

Por otra parte, la novia del Cantar está constantemente llamando a su novio/marido "mi amado" (veintiséis veces en el libro), que en hebreo se compone de las mismas letras del nombre de David. En efecto, el nombre "David" significa "El amado". Eso facilita interpretar que la novia dice "mi David". Ese nombre puede significar también el hijo o heredero de David. Por ejemplo, los profetas llaman a menudo al Mesías "David", como en Jeremías 30, 9; Ezequiel 34, 23 y Oseas 3, 5.

Así, cuando Jesús cuenta parábolas en las que alude a sí mismo como un esposo real (Mt 22, 2), está refiriéndose a esta imagen del novio real-mesías del Cantar de los Cantares y tantos otros pasajes.

Eso no quiere decir que el Cantar de los Cantares no se refiera también al matrimonio natural. Sin duda, el autor no podría usar todos los motivos del amor, romance y belleza física como imágenes del amor de Dios si no fuesen cosas buenas en sí mismas. Nadie usaría cosas malas o perversas como imágenes de la bondad de Dios. Podemos concluir que la atracción, el romance, el matrimonio y la belleza física son cosas buenas; sin duda son regalos de Dios. Más que buenas, esas cosas pueden realmente ser santas. Por ejemplo, la novia describe el cuerpo de su novio como sigue:

> Sus mejillas, como arriates de hierbas balsámicas,
> semilleros de plantas aromáticas.
> Sus labios son azucenas que rezuman jugo de mirra.
> Sus manos, barras de oro engastadas con piedras de Tarsis.
> Su talle, un tronco de marfil cubierto de zafiros.
> Sus piernas, columnas de mármol asentadas sobre basas de oro fino.
> Su porte, como el del Líbano, esbelto como los cedros.

Esa es la imaginería del Templo de Jerusalén, que estaba adornado con preciosos materiales. El sacerdote quema olorosas fragancias como incienso sobre el altar o las usa en el aceite para ungir. La novia está sugiriendo que el cuerpo de su amado es un templo. Eso nos recuerda a Adán, cuyo cuerpo parece un templo en el que actúa Dios (cf. Gn 2, 21) y a Jesús cuando se refiere a su cuerpo como el Templo (cf. Jn 2, 19-21).

Por otra parte, Salomón el novio describe el cuerpo de su novia como un sobrenatural y perfecto huerto, eso es, el Jardín del Edén, que fue el primer santuario o templo de la historia:

> Huerto cerrado eres, hermana mía, esposa,
> huerto cerrado, fuente sellada.
> Tus retoños son un paraíso de granados
> con deliciosos frutos, alheñas y nardos.
> Nardo y azafrán, canela y cinamomo,
> con todo árbol de incienso, mirra y áloe,
> con los mejores aromas.

¡Oh fuente de los huertos, manantial de aguas vivas,
arroyos que bajan del Líbano! (Ct 4, 12-15).

El cuerpo de la novia es también santo. Eso nos recuerda
lo que dice san Pablo de los cristianos: «¿O no sabéis que
vuestro cuerpo es templo del Espíritu Santo?» (1 Co 6,
19). La lección que nos da san Pablo es que debemos ser
castos antes y después de estar casados. El cuerpo de los
cristianos es santo, templo del Espíritu Santo. Solo una
persona santa, un sacerdote, podía entrar el lo sagrado del
Templo (el Santo de los santos), y solamente cuando le
correspondía hacerlo. Los cristianos deben cuidar quién
se une a sus cuerpos; debe ser solo su esposa, que ha sido
santificada en el Sacramento del Matrimonio.

Hay personas que no advierten la santidad del matrimonio en el Cantar de los Cantares. Porque algunos de
los poemas parecen presentar a la novia y al novio demasiado cerca físicamente, erróneamente dicen que el Cantar de los Cantares parece autorizar a los jóvenes actuar
como si ya estuviesen casados, aunque no lo estén. Pero
esto está lejos de la verdad. Varios versos del Cantar dan
mucho valor a reservar la intimidad para solo la esposa.
Salomón dice de su novia:

Huerto cerrado eres,
hermana mía, esposa,
huerto cerrado, fuente sellada (Ct 4, 12).

Esto significa que ella nunca tuvo intimidad con nadie
antes de casarse.

De modo semejante, en Cantar 8, 9-10, a la hermana
pequeña de la novia se la anima a ser un "muro" más que

una "puerta" hasta que se case, y la novia misma presume de ser un "muro" antes de su matrimonio. Eso significa que ha estado cerrada para cualquier hombre como lo estuvo para el que será su marido. El Cantar de los Cantares no induce a ser descuidado con el propio cuerpo; más bien, da un gran valor a la castidad, antes del matrimonio y después. *Castidad* significa guardar el regalo de nuestro cuerpo solo para nuestra esposa. Cuando decidimos casarnos, damos el regalo de nuestro cuerpo a nuestra esposa, y como no lo dimos y nunca lo daremos a nadie más, ese regalo es muy especial. Tú y tu esposa tenéis un raro y precioso vínculo. Nadie te conoce como tu esposa. Del mismo modo, conoces a tu esposa como nadie más la conoce ni la conocerá. Esa conexión tan especial de amor *exclusivo* mantiene el vínculo entre los dos muy fuertemente.

Al final, no necesitamos elegir entre leer el Cantar como sobre Cristo y la Iglesia o sobre el matrimonio cristiano. Las dos lecturas son verdaderas. Lo vemos en Efesios 5, donde san Pablo describe el matrimonio de Cristo y la Iglesia y de los cristianos al mismo tiempo. En el matrimonio cristiano, asumimos los roles de Cristo y la Iglesia. Y la Iglesia es el cuerpo de Cristo —es decir, Cristo mismo—. Así que ambos cónyuges representan al mismo Jesucristo, el perfecto esposo.

Llega el momento de dibujar a Salomón y su novia.

Primero, ahí va Salomón.

Hemos de pensar en algo para distinguirlo.
Vamos con...

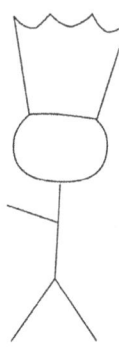

... una gran corona.

Esta es la desproporcionada corona de Salomón. Siempre le dibujo con esta gran corona para que sepáis que es Salomón. Pero también sirve esa corona en esta ocasión por lo que se dice en el Cantar: «¡Salid y contemplad, hijas de Sion, al rey Salomón, con la corona con que lo coronó su madre el día de su boda, el día del gozo de su corazón!» (Ct 3, 11). La corona es realmente una importante imagen que nos llevará a la Pasión de Jesús. Pero por ahora, sigamos y demos a Salomón un cetro también.

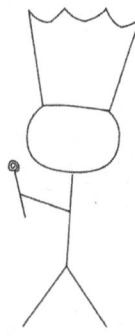

Esta es una imagen del Salmo 45, el salmo de la boda real, que está estrechamente relacionado con el Cantar de los Cantares. El Salmo 45 dice a Salomón: «Cetro de rectitud es el cetro de tu reino» (v. 7). *Rectitud* significa imparcialidad, justicia y equidad.

Ahora necesitamos dibujar a la novia de Salomón. La pondremos a su lado, con una corona menos aparatosa y de mejor estilo.

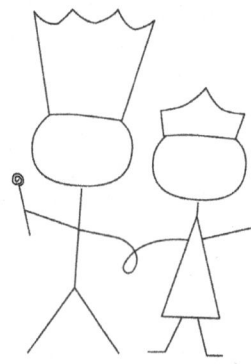

En el Cantar de los Cantares, la novia está cubierta de joyas. Podríamos hacer algo así, pero por el buen gusto le pondremos solo un collar de monedas de plata, muy de moda en aquel tiempo.

Por supuesto, el escenario juega un rol importante en el Cantar de los Cantares. Los dos enamorados están siempre pasando tiempo uno con el otro en un huerto o una viña. Para el huerto, dibujaremos un manzano.

Las manzanas o manzanos se mencionan varias veces en el Cantar: «Como manzano entre árboles silvestres, así es mi amado entre los jóvenes. A su sombra me recuesto ansiosa» (Ct 2, 3). Por eso hemos puesto a Salomón y su novia a la sombra de un manzano. Esto nos recuerda también el Árbol de la Vida, porque el jardín donde la pareja se relaja se describe como si fuese el Jardín del Edén.

En cuanto a la viña, dibujemos algunos racimos de uvas.

Las uvas maduras no duran mucho sin refrigeración, así que se comen como pasas. Tanto las pasas como las manzanas son símbolos de amor: «Confortadme con tortas de pasas, reanimadme con manzanas, que estoy enferma de amor» (2, 5).

Aquí esta la real pareja enamorada feliz.

Las uvas también se consumen como vino, que era otro símbolo de alegría y amor. La novia dice a Salomón: «Más deliciosos que el vino son tus amores» (1, 2), y le promete, «te escanciaría vino de aroma» (8, 2). En la mano de la novia pondremos una copa de vino.

Aquí va nuestra última ilustración de Salomón y su novia. En un sentido, se parecen a Adán y Eva en el Jardín del Edén. En otro, son imágenes de Jesús y la Iglesia. Hemos visto cómo la imagen del jardín nos retrotrae al Edén, pero las manzanas y uvas son símbolos del amor marital, especialmente las uvas en forma de vino. Esto nos lleva a ver el profundo sentido en algunos eventos del Nuevo Testamento, como las bodas de Caná.

DIOS E ISRAEL EN LOS PROFETAS

En un capítulo anterior, veíamos cómo Dios se casaba con Israel en el Monte Sinaí. El pueblo de Israel no fue fiel a Dios por mucho tiempo. Después de cuarenta días volvieron a un dios como los de los egipcios adorando al becerro de oro. De hecho, Israel se dedicó a ir después tras otros dioses largo tiempo, especialmente durante la marcha por el desierto y el tiempo de los jueces.

Hubo un breve periodo de fidelidad al Señor, su esposo Dios, durante el reinado de David y los comienzos del reinado de Salomón, pero las cosas fueron cuesta abajo rápidamente después de eso. Salomón sobrecargó de impuestos al pueblo para financiar sus grandes proyectos. Cuando su hijo Roboam se negó a bajar los impuestos, las diez tribus del norte de Israel, que ya se habían "casado" con David y sus herederos (cf. 2 S 5, 1-3), ahora se "divorciaron" del hijo de David (cf. 1 R 12, 16). Se marcharon con Jeroboam, un noble de la tribu de Efraím, a quien hicieron su rey. Jeroboam condujo al pueblo a un

adulterio espiritual estableciendo la adoración de bece-
rros de oro en vez de adorar al verdadero Señor (1 R 12,
28-33). Esta idolatría en el norte de Israel resultó peor
durante siglos, y eventualmente Judá, el nombre del reino
de las dos tribus del sur que había permanecido fiel a la
línea de David, comenzó también a practicar la idolatría.
Como castigo, el Señor envió a la nación Asiria a con-
quistar y enviar al exilio a la mayoría de los israelitas del
norte en el 722 a.C. (2 R 17, 2-41) y a los de Judá los
exilió también de su tierra en 587 a.C. (2 R 25, 1-26).

Así que al parecer el matrimonio de Dios con Israel
terminó en divorcio y desastre. Al final de los libros his-
tóricos de la Biblia, casi todo parece perdido
(2 R 25). Pero no es así como lo ven los profetas de
Israel. Los profetas de Israel condenan al pueblo con palabras fuertes por haber roto su alianza con Dios, pero
también ven un tiempo en que Dios volvería a casarse
con ellos mediante una nueva alianza.

Por ejemplo, el profeta Isaías dice a los israelitas en el
exilio:

> No temas, que no quedarás avergonzada,
> ni te sonrojes, que no serás deshonrada,
> pues olvidarás la vergüenza de tu adolescencia,
> y no recordarás más el oprobio de tu viudez.
> Porque será esposo tuyo tu Hacedor,
> cuyo Nombre es el Señor de los ejércitos,
> y Redentor tuyo, el Santo de Israel,
> que se llama Dios de toda la tierra.
> Como a mujer abandonada y afligida de espíritu
> te ha llamado el Señor.
> La esposa de la juventud ¿cómo va a ser repudiada?

—dice tu Dios—.
Por un breve instante te abandoné,
pero con grandes ternuras te recogeré.
En un arrebato de ira,
te oculté mi rostro un momento,
pero con amor eterno me he apiadado de ti (Is 54, 4-8).

De modo semejante, Jeremías dice de Israel:

Lo mismo que traiciona una mujer a su amante,
así me habéis traicionado, casa de Israel
—oráculo del Señor— (Jr 3, 20).

Y aún así, a pesar de eso, el profeta clama:

Volved, hijos descastados, —oráculo del Señor—
que Yo soy vuestro amo. Os tomaré […]
y os traeré a Sion (Jr 3, 14).

Ezequiel, por su parte, dedica dos largos capítulos (16 y
23) a detalladas y gráficas descripciones del matrimonio
de Dios e Israel. Describe a Dios casándose con Israel en
el Sinaí:

Pasé junto a ti y te vi. Era tu tiempo, tu tiempo de amores.
Extendí sobre ti mi manto para cubrir tu desnudez; me
comprometí contigo e hice alianza contigo, oráculo del
Señor Dios, y llegaste a ser mía (Ez 16, 8).

Pero Israel tiene una larga historia de infidelidad:

Pero tú, envanecida por tu hermosura y tu fama, te
prostituiste,
ofreciendo tus favores a todo el que pasaba, fuera quien
fuese (Ez 16, 15).

A pesar de todo eso, el Señor Dios se compromete a traer de vuelta a Israel hacia él:

> Pero Yo todavía recordaré la alianza que hice contigo en los días de tu juventud y estableceré contigo una alianza eterna (Ez 16, 60).

Pero sin duda, el profeta que tiene la más hermosa descripción del matrimonio restaurado de Dios con Israel es el profeta menor Oseas. Él no blanquea lo que Israel ha hecho: «Le pediré cuenta de los días dedicados a los baales, a los que quemaba incienso, en los que se adornaba de anillos y collares y se iba tras sus amantes, mientras a Mí me olvidaba —oráculo del Señor—» (Os 2, 15). Pero en el futuro el Señor Dios se hará irresistible para Israel:

> Por eso, Yo mismo la seduciré,
> la conduciré al desierto y le hablaré al corazón.
> Y desde allí le daré sus viñas […]
> Allí me responderá como en los días de su juventud,
> como el día que subió de la tierra de Egipto.
> Sucederá que aquel día —oráculo del Señor—
> me llamarás "Marido mío",
> y no me llamarás más "Baal mío".
> Quitaré de su boca los nombres de los baales,
> y no serán ya mencionados sus nombres.
> Aquel día sellaré en favor de ellos un pacto […]
> Te desposaré conmigo para siempre,
> te desposaré conmigo en justicia y derecho,
> en amor y misericordia.
> Te desposaré conmigo en fidelidad,
> y conocerás al Señor (Os 2, 16-22).

Oseas tiene el lenguaje más íntimo que ningún profeta describiendo la nueva alianza que el Señor hará un día con Israel. Dios "seducirá" a Israel y le hablará "al corazón". Israel cometió un adulterio espiritual adorando y pidiendo dioses extranjeros, que se llamaban "baales". Pero en el futuro, Israel no llamará a su Dios "Baal" (mi dueño) sino "mi marido". Dios hará una alianza matrimonial con su pueblo. El pueblo de Dios llegará a "conocerle", como los esposos se conocen en su abrazo conyugal: "y conocerás al Señor".

Oseas es el primero de los doce profetas menores (los autores de los libros del Antiguo Testamento desde Oseas a Malaquías). Los otros profetas menores también hablan de la infidelidad de Israel y la nueva alianza que Dios hará un día. El último de estos profetas, Malaquías, reprende a los hombres de Judá por divorciarse de sus esposas para casarse con mujeres extranjeras, y declara: «No le seas tú infiel a la esposa de tu juventud. Porque yo odio el repudio —dice el Señor, Dios de Israel— (Ml 2, 15-16). Así que el primer profeta menor insiste en que Dios se volverá a casar con Israel, y el último asegura a Israel que Dios odia el divorcio. El mensaje combinado es que Dios volverá por Israel un día y nunca le dejará irse otra vez. Ese es el modo de ser de Dios. Su mayor atributo es su *hesed,* una palabra hebrea que significa "amante de la alianza y la fidelidad". Esa es la clase de amor fiel que los esposos se tienen el uno al otro. San Juan dice "Dios es amor", pero este amor (en griego, *agapē*) no es meramente amor fraterno (en griego, *philos*) o amor erótico (en griego, *eros*) sino *amor fiel a la alianza* —un amor que es constante, que soporta el sufrimiento y nunca abandona—. Ese es también el amor que se tienen los esposos cristianos, porque estamos llamados a vivir imitando a Dios.

Cuando Dios vuelve a casarse con Israel de nuevo, algunos profetas predicen un gran festín. Así es como Isaías lo describe: «El Señor de los ejércitos ofrecerá a todos los pueblos, en este monte, un banquete de sabrosos manjares, un banquete de vinos añejos, manjares suculentos y vinos exquisitos» (Is 25, 6). Así, cuando Dios regrese para "casar" con su pueblo, será como un banquete de bodas con abundante vino.

De nuevo, en otro pasaje, dice Isaías:

¡Todos los sedientos, venid a las aguas!
Y los que no tengáis dinero, ¡venid!
Comprad y comed. Venid.
Comprad, sin dinero y sin nada a cambio, vino y leche.
[…] Prestad oído y venid a Mí.
Escuchad y vivirá vuestra alma.
Sellaré con vosotros una alianza eterna,
las misericordias fieles (*hesed*) prometidas a David (Is 55, 1-3).

Isaías pinta a Dios llamando a todos los pobres de la tierra, pueblo tan pobre que no tiene dinero para comprar comida y bebida. Dios invita a todos los de este pobre pueblo a un banquete gratis, un banquete de bodas que incluirá una alianza con él —la misma alianza de amor que disfrutó David—. Este es uno de los textos que leemos en la vigilia de Pascua cada año, porque claramente apunta a la Eucaristía, el banquete gratuito que es nuestra "cena de bodas" con el Cordero de Dios. Junto a eso, estas profecías nos ayudan a entender por qué Jesús nos habla en tantas parábolas del reino que incluye bodas y banquetes.

Llega el momento de dibujar. De nuevo, esta relación entre Dios e Israel es un desafío para dibujar. Pero acudiremos a algunas ideas de nuestro capítulo sobre Moisés y el Sinaí.

Pondremos una montaña. En este caso es Sion, el monte de Jerusalén. Muchos profetas profetizaron de Jerusalén y predijeron que Dios volvería allí.

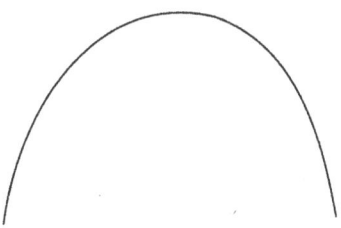

Luego necesitamos nuestro profeta. Tal como lo vemos, es un profeta que tiene una boca grande.

Los profetas tenían grandes bocas; las usaban mucho y les causaban problemas. Pero esa es otra historia. Aquí, nuestro profeta tiene una mano abierta, llamando al pueblo, y la otra señalando un punto.

El tercer elemento de nuestro dibujo va a ser el Templo. No hemos tratado aún de esto, pero el Templo juega un importante rol en la película profética del matrimonio de Dios con Israel. El Templo era lo que los antiguos poetas llamaban un "punto de encuentro", un lugar adonde una pareja de enamorados podía ir para estar solos. El Templo era donde Dios podía encontrar a su pueblo como un novio a su novia.

Dios es el novio en este matrimonio, pero es difícil dibujar a Dios. Está incluso prohibido en el Antiguo Testamento. Pero Dios con frecuencia reveló su presencia como una nube de gloria, como en el desierto del Éxodo. Así que dibujaremos la nube gloriosa de Dios bajando al Templo, el "punto de encuentro".

Ahora, el pueblo. Dibujaremos la misma "multitud" de israelitas que empleamos en el Sinaí.

Pero como la novia es el pueblo de Dios, les pondremos velos y ramos.

Y allá vamos. El pueblo de Dios como novia está reunido en el punto de encuentro, el Templo, para unirse a su novio Dios para el banquete de bodas en el Monte Sion.

Esto es lo que los profetas preveían y lo que Jesús vino a cumplir.

OCHO
JESÚS EL ESPOSO
El Evangelio de Juan

POR EL TIEMPO en que llegamos al Nuevo Testamento y el de la vida de Jesús, el pueblo de Israel había estado esperando durante siglos que regresara su Dios y se casara de nuevo con ellos, y la expectación había llegado a un punto febril. El pueblo de Judá —el reino de sur que nunca se había "divorciado" del hijo de David como su rey— perdió su tierra y su reino en los años 500 antes de Cristo, y marchó a Babilonia exiliado. Babilonia cayó ante los persas, y los persas dejaron que los judíos volvieran a su tierra para reconstruir Jerusalén y su Templo, pero ningún hijo de David fue repuesto en el trono. El pueblo de Judá sufrió bajo la dominación persa (537-333 a. C.) y luego bajo los griegos de Alejandro Magno y sus sucesores (333-166 a. C.). Consiguieron brevemente su independencia (166-66 a. C.) solo para perderla de nuevo ante los romanos, quienes eventualmente pusieron sobre ellos a un rey pro-romano llamado Herodes para tenerlos bajo control (37-4 a. C.).

El profeta Daniel había predicho una era de unos quinientos años desde el tiempo de la reconstrucción de Jerusalén hasta la venida del Mesías (Dn 9, 25-27). Era difícil calcular esas cosas en los tiempos antiguos. Con todo, por el tiempo del nacimiento de Jesús, muchos creían que los quinientos años de Daniel ya habían pasado, así que había grandes expectativas ante lo que Dios estaba a punto de hacer por su pueblo.

Y lo hizo. Dios envió a su ángel a una doncella de la casa de David, María, para anunciarle que concebiría y daría a luz al Mesías de Israel. Este Mesías estaba marcado como el novio de Israel desde su infancia. Llegaron sabios de Oriente, portando regalos de oro, incienso y mirra. El último rey de Israel que atrajo a sabios de Oriente fue Salomón (1 R 5, 14), el héroe del Cantar de los Cantares. Y los regalos a Jesús de los sabios de Oriente nos recuerdan el esplendor de Salomón (Mt 2,11). Salomón tuvo más oro que nadie (1R 10, 14-23), y el incienso y la mirra se mencionan juntos en el Antiguo Testamento solo en el Cantar de los Cantares (3, 6; 4, 6-14), donde aparecen como fragancias para Salomón y su novia. Los regalos de los Magos señalan al niño Jesús como el prometido novio-rey.

De los cuatro evangelios, el de Juan es el que muestra a Jesús como el novio más claramente. El primer milagro de Jesús en el evangelio de Juan es convertir unos 180 galones de agua en el mejor vino para una boda en Caná (Jn 2, 1-11). La clave para comprender este milagro es preguntar: ¿Qué rol desempeñó Jesús en esta boda? Podemos no darnos cuenta porque en las bodas modernas, el padre de la novia suele ser quien paga el convite y toda la comida y bebida. Pero en los días de Jesús, era responsabilidad del *novio* proporcionar el vino para la fiesta de bodas (Jn 2, 9-10). Así que ¡Jesús sustituyó al novio! Veamos otra pregunta: ¿Lo hizo bien o escasamente? ¿Ciento ochenta galones del mejor Cabernet francés? Yo diría que lo hizo bien. De hecho estoy seguro de que tras las bodas de Caná, Jesús estaría invitado a todas las bodas que se celebrasen en Galilea.

Caná revela a Jesús como el mayor gran novio que hubiese existido jamás, uno que puede hacer lo que se supone hace el novio de un modo espectacular, sobrenatural. La abundancia de vino es un signo de la abundancia de la gracia de Dios que él trae (Jn 1, 16). Jesús puede darnos, a su pueblo-novia, tanta gracia de Dios como podamos posiblemente "beber" (Jn 4, 14).

En el caso de que no entendamos en Caná que Jesús es el gran novio, Juan Bautista aclara el asunto en el siguiente capítulo, donde llama a Jesús el esposo directamente. Cuando le preguntan por su identidad, Juan dice de sí mismo: «Vosotros mismos me sois testigos de que dije: "Yo no soy el Cristo, sino que he sido enviado delante de él". Esposo es el que tiene la esposa; el amigo del esposo, el que está presente y le oye, se alegra mucho con la voz del esposo. Por eso, mi alegría es completa» (Jn 3, 28-29).

Jesús es el novio, y la novia es el pueblo de Dios. Juan se presenta él mismo como el "amigo del novio" —en nuestra cultura sería el padrino—. Jesús es el novio como hombre y como Dios. Como hombre, es el heredero de David, el original rey-novio de Israel (2 S 5, 1-3). Como Dios, es el marido de Israel, regresado para cortejarla (Os 2, 14-23).

De hecho, casi inmediatamente después de la declaración de Juan Bautista de que Jesús es el esposo, tenemos una escena de cortejo en el evangelio de Juan. En Juan 4, Jesús cumple la profecía de Oseas al ir a los descendientes del norte de Israel y "hablarles al corazón" (Os 2, 14).

Jesús decide viajar a través de Samaría para llegar a Galilea (Jn 4, 1-5) y hacia el mediodía llega a una ciudad llamada Sicar, y se sienta junto a un pozo. Samaría era la región en el centro del antiguo Israel, formada por el territorio de las tribus de Efraim y Manasés. Los samaritanos eran descendientes de los trabajadores del campo de estas y otras tribus del norte, que se habían mezclado con cinco grupos étnicos gentiles desde la invasión de los asirios. El resto del pueblo del norte de Israel había sido exiliado y dispersado. Eso significa que los samaritanos eran el último resto visible de las tribus del norte de Israel.

Cuando Jesús se sienta junto al pozo, ya sabemos que aparecerá una mujer, pues eso es lo que sucede en la Biblia cuando un hombre está junto a un pozo. En Génesis 24, el sirviente de Abrahán ha salido para buscar una esposa para Isaac. Llega a un pozo y encuentra a Rebeca, que más tarde será la esposa de Isaac. En Génesis 29, Jacob viaja por la misma área y llega a un pozo donde encuentra a Raquel, y se enamora a primera vista. Finalmente, en Éxodo 2, Moisés huye de Egipto y llega a la tierra de Madián, donde se detiene en un pozo y encuentra a Séfora, quien luego será su mujer. Así que los pozos son el lugar bíblico del cortejo. ¿Recuerdas este dibujo?

Nuestras expectativas no se han frustrado porque, apenas se ha sentado Jesús, aparece una mujer junto al pozo para sacar agua. Jesús le pide de beber (Jn 4, 7). Eso es interesante, porque de una petición de beber se valió, de acuerdo con Dios, el siervo de Abrahán en Génesis 24.

Así, cuando Jesús pide de beber a la mujer de Samaría, se despierta nuestra curiosidad. ¿Responderá ella con generosidad como Rebeca? Realmente, no. «¡Cómo tú, siendo judío, me pides de beber a mí, que soy una mujer samaritana?», le contesta a Jesús (Jn 4, 9). Ahora ya sabemos que no vamos a ver una repetición de otros eventos bíblicos anteriores. La conversación que sigue es una especie de cortejo espiritual, donde Jesús trata de hablar a la mujer del regalo del Espíritu Santo, pero ella sigue malinterpretándole como si le hablase del agua natural (vv. 10-15). Luego el tema pasa a su estado marital, y Jesús le dice saber que ha tenido cinco maridos y que ahora vive con un hombre con el que no está casada (vv. 16-18). La vida de la mujer es una imagen expresiva de la historia del pueblo de los samaritanos, que se había mezclado con cinco diferentes naciones y adorado a sus dioses (2 R 17, 33-41). Eventualmente volvían a adorar solo al Señor Dios, pero aun así no lo hacían según la alianza. Adoraban en el monte Garizim en Manasés, mientras que la alianza con David declaró Jerusalén en Judá como el lugar propio de adoración.

La conversación entre Jesús y la mujer da ahora un giro teológico (vv. 19-24). Cuando la mujer expresa su esperanza en la venida del Mesías, Jesús se revela como el Mesías esperado (v.26). Sorprendida, la mujer regresa a la ciudad e invita a toda la gente para que vaya a ver a este asombroso hombre que acaba de encontrar en el pozo (vv. 27-28). Lo hacen, y después de dos días de conversación con Jesús, creen en él. Jesús atrae hacia él espiritualmente a estos descendientes de Israel, tal como Oseas había dicho: «Yo mismo la seduciré, la conduciré al desierto y le hablaré al corazón. [...] Allí me responderá como en los días de su juventud. [...] En aquel día, me llamarás "Marido mío", y no me llamarás más "Baal mío". [...] Te desposaré conmigo para siempre [...] y conocerás al Señor (Os 2, 16-22).

Pero el punto culminante de la misión de Jesús como el esposo viene más tarde en el Evangelio de Juan, conforme se acerca su Pasión.

El relato de la semana de Pasión en Juan comienza con la unción y la cena en Betania. María, la hermana de Lázaro, trae una libra de perfume de nardo y unge los pies de Jesús, recostado durante la cena. Esto recuerda un pasaje del Cantar de los Cantares:

Mientras el rey estaba en su diván,
mis nardos exhalaban su fragancia (Ct 1, 12).

Juan incluso menciona que «la casa se llenó de la fragancia del perfume» (Jn 12, 3). Es notable que el nardo solo se encuentra en el Antiguo Testamento en el Cantar de los Cantares, donde es una fragancia romántica (1, 12; 4, 13-14). Pero Jesús insiste en que este lujo romántico se guarde para su muerte: «Dejadla que lo emplee para el día de mi sepultura» (Jn 12, 7). ¿No es muy provocativo decir que algo romántico es apropiado para un funeral?

Al seguir adelante en la Pasión de Jesús según Juan, encontramos muchos motivos nupciales. Primero, Jesús es coronado de espinas, que trae a la memoria la corona nupcial del hijo real de David: «¡Salid y contemplad, hijas de Sion, al rey Salomón, con la corona con que lo coronó su madre el día de su boda, el día del gozo de su corazón!»

(Ct 3, 11). Algunos eruditos piensan que esa debe haber sido una corona de flores y hojas, elaborada para la ocasión de la boda real. Por contraste, ¡qué fino "follaje" se usó para coronar a nuestro rey-esposo, Jesús!

Cuando nos acercamos a la Cruz, los soldados le quitan la ropa a Jesús, como un novio se desnuda para entrar en la cámara nupcial (Jn 19, 23-24). Jesús, mirando desde la Cruz, ve a su madre y al apóstol Juan allí de pie. «Mujer, aquí tienes a tu hijo», le dice, y a Juan: «Aquí tienes a tu madre» (Jn 19, 26-27). ¿Cuándo en la vida real se ha necesitado decir a una mujer que tiene un hijo, o presentar un hijo a su madre? Solo en la sala del parto, cuando una matrona lava y viste al recién nacido y lo lleva a su madre, le dice: "¡Mira, aquí tienes a tu hijo!" y arrullando al niño, "¡Mira, es tu mamá!". Algunos autores espirituales han visto aquí una especie de nacimiento espiritual del apóstol Juan y lo han descrito como el primer hijo de la Iglesia, el hijo del amor del Nuevo Adán (Jesús) y la Nueva Eva (María).

No mucho después, Jesús dice desde la Cruz, «Tengo sed» (Jn 19, 28). Eso recuerda el otro único lugar en este evangelio donde tuvo sed, en el pozo de Sicar. Allí, también pidió de beber (Jn 4, 7). Santa Teresa de Calcuta vio lo que esta petición significaba. Ella dice: "Tiene sed de nuestro amor", y escribió "Tengo sed" junto a los sagrarios de todas las casas de sus hijas espirituales. Santa Teresa estaba en lo cierto; esas palabras de Jesús son una petición de nuestro amor, para que entremos en una relación esponsal con él.

Cuando nosotros, el pueblo-novia de Dios, estábamos sedientos en Caná, Jesús nos dio 180 galones del mejor vino. Pero cuando él, el novio, está sediento en la Cruz, no le dimos más que una esponja empapada en vinagre, sujeta en una caña de hisopo (Jn 19, 29). Esa no es una respuesta de amor, pero Jesús la acepta y dice sus últimas palabras desde la Cruz: «Está consumado» (Jn 19, 30). En esta antigua versión (Douay-Reims) oímos una connotación de la consumación del matrimonio, y en efecto, las palabras del original griego del Evangelio de Juan pueden tener este significado.

Los soldados atravesaron el costado de Jesús para asegurarse de su muerte, y al instante brotó sangre y agua. San Agustín vio una imagen marital en este evento, mientras otros padres de la Iglesia subrayan el paralelo con Adán. Como Eva salió del costado abierto de Adán, así la Iglesia sale del costado herido de Cristo. Los primeros lectores de Juan, sin embargo, habrían pensado primero en el Templo. Durante la Pascua, una enorme corriente de sangre y agua sale del Templo. Miles de corderos son sacrificados en el patio, y su sangre la sacaban del Templo lavándola con cubos de agua hacia un conducto de la ladera del Monte del Templo. Desde allí corría cuesta abajo hasta el torrente del Cedrón. Es un signo de que el cuerpo de Jesús es el verdadero Templo, como Juan había escrito antes: «Él se refería al Templo de su cuerpo» (Jn 2, 21). Eso a su vez conecta con Adán; según hemos visto, la palabra empleada para la costilla tomada de su costado se refiere a un pilar o poste usado para soportar el tabernáculo o Templo (Gn 2, 21).

José de Arimatea y Nicodemo retiraron de la Cruz el cuerpo de Jesús (Jn 19, 38-39). Nicodemo trajo una gran cantidad de mirra y áloe —unas cien libras— para ungir el cuerpo (v.39). Eso debió costar una fortuna. Mirra y áloe se mencionan juntos en el Antiguo Testamento solo en contextos románticos, como en el salmo de la boda real (Sal 45, 8) y en el Cantar de los Cantares (Ct 4, 14). Eran fragancias románticas en los tiempos antiguos, asociadas con los matrimonios de los muy ricos. Jesús va a su sepulcro con fragancias destinadas a una boda real.

La "madre" de Adán fue la tierra misma (Gn 2, 7), y en el resto del relato de Juan sobre la Pasión vemos más conexión entre Adán y Jesús. A Jesús le ponen en «un sepulcro nuevo en el que todavía no había sido colocado nadie» (Jn 19, 41). En otras palabras una tumba virginal. ¡Qué apropiado! Él tomó carne del seno virginal de su madre; luego su carne es colocada en la tumba virginal, el "seno" de la Madre Tierra. Al menos media docena de pasajes de la Escritura comparan el seno de la madre con el sepulcro o la tierra:

«Desnudo salí del vientre de mi madre,
y desnudo volveré» (Jb 1, 21).
«Desnudo salió del vientre de su madre,
y así volverá, lo mismo que vino» (Qo 5, 14).
«Tú has formado mis entrañas,
me has plasmado en el vientre de mi madre […].
en secreto iba yo siendo hecho, cuando era formado
en lo profundo de la tierra» (Sal 139, 13 y 15).
«De modo que mi madre fuese mi sepulcro,
y su seno, grávido por siempre» (Jr 20, 17).
«Yugo pesado sobre los hijos de Adán, […]
hasta el día de su retorno a la madre de todos» (Si 40, 1).

El seno de la Virgen santa dio a luz a Jesús en Navidad; la tumba virginal le volvió a renacer en Pascua. Es de notar que Nicodemo coloca el cuerpo de Jesús en la tumba virginal. Antes en el evangelio, este mismo Nicodemo le ha preguntado a Jesús: «¿Cómo puede un hombre nacer siendo viejo? ¿Acaso puede entrar otra vez en el seno de su madre y nacer? (Jn 3, 4). ¡Sí, Nicodemo, cada uno de nosotros entrará de nuevo en el seno de la Madre Tierra! Pero si hemos sido bautizados —el nuevo nacimiento del agua y del Espíritu (Jn 3, 5)— compartiremos el segundo nacimiento de Jesús en el sepulcro, cuando él vuelva.

El drama completo de la Pasión de Jesús es la historia del esposo dando su cuerpo a su esposa y por su esposa. En su muerte, Jesús nos dio su cuerpo para que pudiésemos ser salvados para la vida eterna. Y cada vez que se celebra la misa, se renueva ese regalo de su cuerpo. En la misa, él tiene sed de nuestro amor, incluso satisfaciendo nuestra sed por la gracia de Dios. Y podemos corresponder a su amor, satisfaciendo su sed como él satisface la nuestra. Por eso, la misa es llamada "la cena de bodas del Cordero".

Es tiempo de reunir todo esto en un dibujo. Tenemos que empezar, por supuesto, con el monte del Calvario.

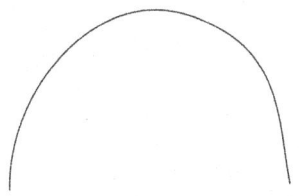

En la cima del Calvario, dibujamos a nuestro Señor, el esposo. El pende de un árbol. Un árbol de muerte. Pero realmente, lo está transformando en el verdadero Árbol de la Vida, que dará el fruto de su Cuerpo y Sangre, la comida de la vida eterna.

Ahora ponemos el costado herido de Cristo, del que brota sangre y agua, que nos recuerda el costado abierto de Adán, del que nació Eva.

A continuación, dibujamos a la Nueva Eva, María.

La verdadera esposa en este cuadro es la Iglesia. Pero desde los primeros tiempos, los padres ven a María, Virgen y Madre, con un signo de toda la Iglesia. Así que dejaremos a la Madre Dolorosa como el icono de la Iglesia aquí.

Luego añadimos a Juan, el fruto del amor espiritual del Nuevo Adán y la Nueva Eva, el primer hijo de la Iglesia. Juan es como cada bautizado cristiano, que tiene a Dios como Padre y a la Iglesia como madre.

Finalmente, ponemos la tumba de Jesús, el Santo Sepulcro, en el fondo. Hay una conexión mística entre el seno de la tumba virginal y el seno de la Virgen. Ambos son iconos de la Iglesia, la esposa de Cristo.

Este es el esposo dando su vida por la esposa. Es el amor de Dios, su *hesed*, en pantalla completa. En este evento está el profundo significado del matrimonio, la historia de la salvación, y la humana condición. Si una imagen vale por mil palabras, esta imagen es el Libro del Amor.

Nueve
CRISTO Y LA IGLESIA
La Carta de Pablo a los Efesios

EL EVANGELIO DE JUAN nos muestra a Jesús como el gran esposo, dando su cuerpo como un acto de amor a su esposa y por su esposa, que es la Iglesia. Eso suena precioso, pero ¿qué significa en la práctica para los maridos y esposas cristianos? Esa es una pregunta que san Pablo plantea directamente en el quinto capítulo de su Carta a los Efesios, en un pasaje que muchos consideran la más profunda enseñanza sobre el matrimonio cristiano en el Nuevo Testamento. Pero san Pablo se apoya en la propia enseñanza de Jesús sobre el matrimonio, que es algo que todavía no hemos visto en este libro.

Jesús nos dio dos enseñanzas principales sobre el matrimonio durante su paso por la tierra. Ambas en respuesta a preguntas sobre el matrimonio, una de los fariseos y otra de los saduceos. En Mateo 19, 3 leemos que se acercaron a Jesús unos fariseos y le preguntaron: «¿Le es lícito a un hombre repudiar a su mujer por cualquier motivo?». Era una cuestión muy debatida entre los intelectuales judíos. Algunos líderes fariseos sostenían que solo serios motivos de inmoralidad podían ser causa de divorcio, mientras otros pensaban que un hombre podía divorciarse de su mujer por cualquier razón. Pero Jesús disiente de eso: «Él respondió: "¿No habéis leído que al principio el Creador *los hizo hombre y mujer*, y que dijo: *Por eso dejará el hombre a su padre y a su madre y se unirá a su mujer, y serán los dos una sola carne?* De modo que ya no son dos, sino una sola carne. Por tanto, lo que Dios ha unido, que no lo separe el hombre"» (Mt 19, 4-6).

Jesús enseña aquí que el divorcio está mal. Es Dios quien une a un hombre con una mujer cuando se casan. Esa unión es sagrada, y los seres humanos no pueden romperla. Pero si la unión del matrimonio es sagrada, ¿por qué en el Antiguo Testamento hubo leyes que permitían el divorcio? Los fariseos son rápidos en señalar esto, y preguntan: "¿Por qué entonces Moisés *mandó dar el libelo de repudio y despedirla?*" (Mt 19, 7).

Los fariseos se refieren a una bien conocida ley, que aparece en Deuteronomio 24, 1-4, pero la leen mal significativamente. Moisés nunca *mandó* a nadie dar un certificado de divorcio. La ley real de este pasaje es bastante específica y complicada; Moisés en ningún caso *manda* el divorcio, pero a veces sus leyes reconocen que existe y disponen su regulación. Jesús hace la propia distinción en esta réplica: «Moisés os permitió repudiar a vuestras mujeres a causa de la dureza de vuestro corazón; pero al principio no fue así» (Mt 19, 8).

Aquí Jesús enseña que las leyes de Moisés no siempre representan los más altos ideales de Dios. Moisés permitió algunas cosas por "la dureza de corazón" de Israel, esto es, su terquedad. Él sabía que los israelitas estaban tan acostumbrados al divorcio que no era práctico prohibirlo. Muchos legisladores, tanto antiguos como modernos, también hacen cosas así. Por ejemplo, puede ser mejor para la salud pública si nadie fuma. Sin embargo, fumar está profundamente insertado en nuestra cultura, y prohibirlo completamente podría encender una protesta multitudinaria. Así que el gobierno lo permite, pero lo regula. Eso es lo que pasa con Moisés y el divorcio. Pero, como Jesús señaló, el divorcio no está en la intención de Dios para el hombre y la mujer cuando creó el mundo. Los primeros capítulos del Génesis, antes de la caída en el pecado, no consideran la posibilidad del divorcio. Más aún, continúa Jesús, «cualquiera que repudie a su mujer [...] y se case con otra, comete adulterio» (Mt 19, 9).

Jesús enseña que un verdadero matrimonio los seres humanos no pueden romperlo. Incluso si un tribunal de justicia permite un divorcio, eso no significa nada desde el punto de vista de Dios. Si una persona vuelve después a casarse, comete adulterio, porque está aún casada por su primer matrimonio. Pero en la práctica se dan apariencias de matrimonio, no son pues verdaderos. Si un hombre y una mujer se unen sin casarse verdaderamente, ahí no hay matrimonio a los ojos de Dios. La Iglesia católica puede a veces declarar que un hombre y una mujer nunca estuvieron casados a los ojos de Dios; a eso se llama una declaración de nulidad, pero no es lo mismo que un divorcio.

No solo los fariseos sino incluso los propios discípulos de Jesús encuentran su enseñanza chocante. Dicen: «Si esa es la condición del hombre con respecto a su mujer, no trae cuenta casarse» (Mt 19, 10). La perspectiva de estar unido a una mujer de por vida sin posibilidad de divorcio era tan abrumadora que los discípulos preferirían quedar solteros. Sus instintos no eran del todo malos, sin embargo, porque Jesús señala que la soltería se puede desear a veces: «No todos son capaces de entender esta doctrina —les respondió él—, sino aquellos a quienes se les ha concedido. Pues hay eunucos que nacieron así del vientre de su madre; también hay eunucos que han quedado así por obra de los hombres; y los hay que se han hecho eunucos a sí mismos por el Reino de los Cielos. Quien sea capaz de entender, que entienda» (Mt 19, 11-12).

La fuerza para vivir el celibato es un don concedido por Dios. No todos pueden hacerlo, pero aquellos a quien Dios se lo concede pueden (cf. 1 Co 7, 7-9; 32-38). Jesús mismo lo vivió, así como Juan Bautista, los apóstoles Pablo y Juan, y muchos cristianos a través de los siglos. El celibato no es un rechazo del amor matrimonial. Es un matrimonio espiritual directo con Jesús. En el matrimonio cristiano, los esposos hacen de Jesús el uno al otro. Las esposas experimentan el amor de Jesús a través de sus maridos y viceversa. Pero en el celibato esa relación es directa. Se busca y se vive el amor de Jesús no a través de otra persona sino solo de Jesús en la oración y los sacramentos. Así pues, todos los cristianos están llamados a un "matrimonio" con Jesús.

Ahora bien, después de las positivas palabras de Jesús respecto a renunciar al matrimonio por el reino, uno podría quedarse con la errónea impresión de que él rebaja el amor matrimonial y sus frutos, los hijos. Para corregir ese malentendido, san Mateo inmediatamente nos trae otra historia sobre el ministerio de Jesús: «Entonces le presentaron unos niños para que les impusiera las manos y orase; pero los discípulos les reñían. Ante esto, Jesús dijo: "Dejad a los niños y no les impidáis que vengan a mí, porque de los que son como ellos es el Reino de los Cielos". Y después de imponerles las manos, se marchó de allí» (Mt 19, 13-15).

Jesús ama a los niños, y enseña que tienen una natural cercanía al reino de Dios. Él desea que los niños vengan a él para experimentar la salvación. Sus palabras "dejad que los niños vengan a mí y no se lo impidáis" pueden aplicarse también en sentido espiritual a los matrimonios cristianos. Las parejas cristianas deben dejar que lleguen los niños —esto es, estar abiertas a la vida—. No deben impedir su venida por el uso de medios anticonceptivos. Los niños son queridos por Dios.

La segunda ocasión principal en que Jesús enseña sobre el matrimonio sucede cuando a Jesús le presentan un caso los saduceos, oponentes de los fariseos. Los saduceos, una elite rica que controlaba el Templo y sus ingresos, no creían en la vida eterna o la resurrección de los muertos. En su opinión, la resurrección causaría insolubles dilemas, y para demostrar su razón se acercan a Jesús con una cuestión: «Maestro, Moisés dijo: *Si alguien muere sin tener hijos, su hermano se casará con la mujer y dará descendencia a su hermano.* Pues bien, había entre nosotros siete hermanos. El primero se casó y falleció, y, al no tener descendencia, dejó su mujer a su hermano. Lo mismo sucedió con el segundo y el tercero, hasta el séptimo. Después de todos ellos, murió la mujer. Entonces, en la resurrección, ¿de cuál de los siete será esposa?, porque la tuvieron todos» (Mt 22, 24-28).

Los saduceos piensan que no hay respuesta a esta pregunta, y esa era precisamente su postura: ¡Véase cuán ridícula es la idea de la resurrección! ¡Crearía un caos que nadie puede resolver! Pero Jesús no se impresiona por su argumento, y les responde: «Estáis equivocados por no entender las Escrituras ni el poder de Dios: porque en la resurrección ni ellos se casarán ni ellas serán dadas en matrimonio, sino que serán como los ángeles en el cielo» (Mt 22, 29-30).

Con esto aprendemos que el vínculo del matrimonio dura solo en esta vida. La muerte de uno de los esposos termina el matrimonio, como se refleja en el compromiso matrimonial tradicional: "Hasta que la muerte nos separe". Otras religiones sostienen que el matrimonio continúa en la eternidad, pero Jesús enseña que en la vida futura seremos "como los ángeles". Nótese que no dice que "seremos ángeles" —este es un malentendido frecuente, a menudo presente en libros y películas—. No, nosotros seremos *como los ángeles* —como ellos en el sentido de que no nos casaremos ni haremos familias—. Como la muerte pone fin al matrimonio, el cónyuge sobreviviente puede volver a casarse en la Iglesia (cf. 1 Co 7, 39-40).

Después de ver lo que enseña Jesús sobre el matrimonio, podemos volver a Efesios para ver cómo construye san Pablo sobre el cimiento del Señor. Aquí hay una buena razón para pensar que san Pablo escribe su carta a la Iglesia en Éfeso hacia el final de su carrera, cuando su comprensión del Evangelio es profunda y madura. Aunque muchas copias antiguas de esta carta se dirigen a la Iglesia en Éfeso, es muy general y universal en su tono

—aplicable a los cristianos y a la Iglesia en muchas circunstancias diferentes—.

Un tema destacado de Efesios es que la Iglesia es el Cuerpo de Cristo. Como resultado, hay al menos tres "matrimonios" en la realidad de la Iglesia. Primero, el de Dios con la humanidad en Cristo, donde los dos se hacen una carne en el cuerpo de Cristo (Ef 1, 22-23). Segundo, el "matrimonio" de judíos y gentiles en la Iglesia, donde los dos son una carne, un cuerpo en Cristo (Ef 2, 11-22). Tercero, el de un hombre cristiano con una mujer cristiana; en otras palabras, los matrimonios de creyentes que forman el tejido de la Iglesia en Éfeso y por todas partes. Los matrimonios de los creyentes superan la hostilidad entre hombre y mujer que originó la caída de nuestros primeros padres (Gn 3, 16). La Iglesia es el camino por el que Dios "se casa" o se une a toda la creación y supera todas las divisiones que separan a la humanidad.

Como la Iglesia es el cuerpo de Cristo, es también el Templo (cf. Jn 2, 21). Así que Efesios mezcla términos de anatomía y arquitectura cuando describe la Iglesia. Por ejemplo, Pablo recuerda a los cristianos efesios que ellos son «miembros de la familia de Dios, edificados sobre el cimiento de los apóstoles y los profetas, siendo piedra angular el mismo Cristo Jesús, sobre quien toda la edificación se alza bien compacta para ser templo santo en el Señor» (Ef 2, 19-21). "Cimiento", "piedra angular", "edificación" y " templo" son términos del oficio de la construcción. Todavía en otro lugar, Pablo anima así al pueblo: «viviendo la verdad con caridad, crezcamos en todo hacia aquel que es la cabeza, Cristo, de quien todo el cuerpo —compacto y unido por todas las articulaciones que lo sostienen según la energía correspondiente a la función de cada miembro— va consiguiendo su crecimiento para su edificación en la caridad» (Ef 4, 15-16). "Cabeza", "cuerpo", "articulaciones", "miembro" y "crecimiento" son todas palabras que un médico puede usar en la consulta. Este doble rol de la Iglesia como *cuerpo* y *templo* nos recuerda muchos textos de la Escritura, volviendo siempre a Génesis 2, donde notamos que la palabra usada para la costilla de Adán normalmente se refiere a una viga sagrada o pilar en el santuario (v. 21) y que Dios "construye" a Eva de eso (v. 22, Douay-Reims). Esto sugiere que los cuerpos de Adán y Eva son ya templos sagrados, moradas del "aliento de vida", el propio Espíritu de Dios (Gn 2, 7; Jb 27, 3).

Después de poner el cimiento (¡sin doble sentido!) de la Iglesia como el Templo de Dios y el Cuerpo de Cristo, san Pablo da instrucciones prácticas a los cristianos en Efesios 4-6. Pone mucho énfasis en la unidad y cooperación entre los cristianos; aunque tenemos diferentes roles y dones, necesitamos recordar que todos somos partes de un cuerpo, Cristo (Ef 4, 11-16). Así como un cuerpo tiene muchas partes diferentes que cooperan para el bien del todo, así los cristianos deben cooperar como un solo cuerpo (Ef 4, 16). El pecado se interpone en el camino de esa armonía y cooperación, por eso Pablo dedica varios versículos a tratar de varias clases de pecados que lesionan la Iglesia (Ef 4, 17-5, 20). Llevarse bien armoniosamente requiere de nosotros dar preferencia a los demás, y Pablo usa una palabra griega expresiva, *hupotassomai*. Literalmente, significa "ponerte debajo" de otro. Indica una actitud general que todos los cristianos deben tener, y Pablo la usa para resumir el estilo de vida cristiana. En muchas versiones se traduce por "estar sujetos unos a otros", pero en algunas lenguas esas palabras pueden tener una connotación negativa que Pablo no pretende.

Ese estilo de vida cristiano de poner primero a los demás tiene una especial aplicación en el matrimonio cristiano: «Estad sujetos unos a otros en el temor de Cristo. Las mujeres a sus maridos como al Señor, porque el marido es cabeza de la mujer, así como Cristo es cabeza de la Iglesia, que es su cuerpo, del cual él es el salvador. Pues como la Iglesia está sujeta a Cristo, así también las mujeres a sus maridos en todo» (Ef 5, 22-24).

Así pues, llamando al marido "cabeza", Pablo le asigna un rol de liderazgo en el hogar. Pero los hombres no deben dejar que este rol "se les suba a la cabeza", por decirlo así, pues necesitamos recordar la fuerte enseñanza de Jesús sobre cómo se manda en la Iglesia. Cuando los apóstoles discuten sobre quién es el mayor en la Última Cena, Jesús les dice: «Los reyes de las naciones las dominan, y los que tienen potestad sobre ellas son llamados bienhechores. Vosotros no seáis así; al contrario: que el mayor entre vosotros se haga como el menor, y el que manda como el que sirve. Porque ¿quién es mayor: el que está a la mesa o el que sirve? ¿No es el que está a la mesa? Sin embargo, yo estoy en medio de vosotros como quien sirve» (Lc 22, 25-27).

En este pasaje, Jesús pone en contraste dos conceptos de liderazgo. El primero es el que yo llamo "demoniaco", porque es el punto de vista de Satanás y de los que le siguen:

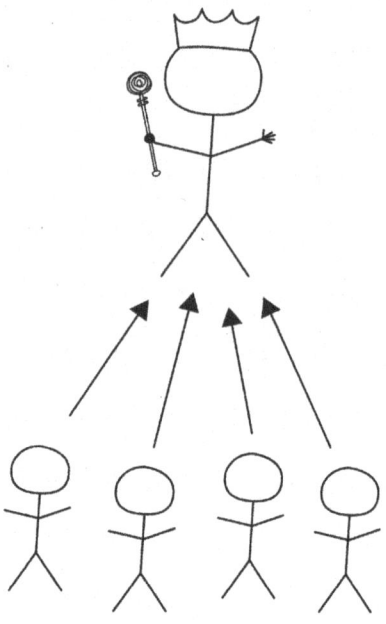

En ese modo de ver, el servicio va de los súbditos al líder mismo. Según la tradición, Satanás se ofendió por la idea de que él, el mayor de los ángeles, tuviese que servir a seres humanos. Eso no concordaba con su visión de la realidad; pensaba que el menor debía servir al mayor. Y se rebeló.

La visión de Jesús sobre el liderazgo es muy diferente. El servicio va del líder a los que él guía. El líder presta un servicio para algún otro —organizando, animando, guiando, pero más que nada asumiendo la responsabilidad sobre el bien común—.

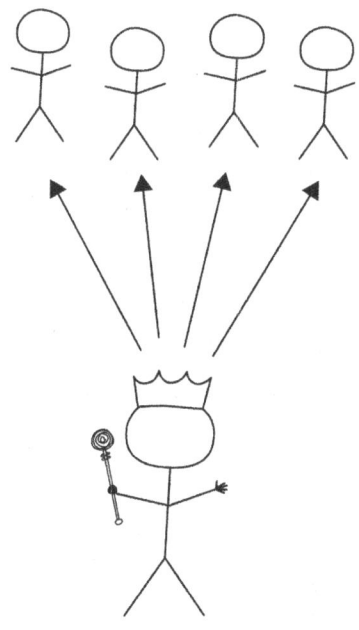

No hace mucho, leí un libro sobre el liderazgo de un par de soldados retirados que habían formado parte de un famoso comando de élite. Me sorprendió su principal principio de liderazgo, que habían aprendido en combate, pero que aplicaban a todos los aspectos de la vida: un líder asume al cien por cien la responsabilidad cuando las cosas van mal, y cuando van bien le da todo el mérito a su equipo. Estos aguerridos soldados insistían en que eso no era solo *un* modo de liderar, sino el *único* modo que conduce al éxito para todos, en cualquier situación. Me impresionó que este principio es semejante a la enseñanza y el ejemplo de Jesús. Pues Jesús asumió al cien por cien la responsabilidad por nuestros pecados y maldades en la Cruz (1 P 2, 24). Y cada vez que avanzamos algo en el camino de la santidad, Jesús toma nota y lo bendice para que podamos merecer el cielo (Mt 10, 42). De modo que Jesús es el mejor ejemplo posible de liderazgo. En la Última Cena, Jesús viene a advertir a los apóstoles de que quien piense ser el líder de todos y el más importante está pensando como un pagano. Para Jesús, el liderazgo es servicio. Un líder acepta la responsabilidad del bienestar de los demás.

Volviendo a Efesios 5 y a la doctrina de Pablo sobre el matrimonio, hay algunas otras cosas que deberíamos notar. San Pablo dice, según suele traducirse, que las mujeres "deben estar sujetas a sus maridos" (Ef 5, 22). Nótese que san Pablo anima a las esposas para que actúen así por su propia voluntad libre. No dice, por ejemplo, "maridos, poned por debajo a vuestras mujeres". De hecho, no hay un pasaje en el Antiguo o el Nuevo Testamento donde se diga a los maridos que obliguen a sus mujeres a hacer algo. La conducta de una esposa es de su libre elección, y san Pablo respeta eso. El respeto que la mujer muestra a su marido es un acto de amor, y el amor no puede imponerse. Debe ser voluntario. Debe ser siempre un acto de libertad.

San Pablo continúa: «Pues como la Iglesia está sujeta a Cristo, así también las mujeres a sus maridos *en todo*» (Ef 5, 24, énfasis añadido). Dice "en todo" porque está subrayando la total entrega del matrimonio. Una esposa se da totalmente a su marido, así como el marido se da totalmente a su esposa. En un momento, veremos el rol de la entrega del marido. Pero por ahora, reconozcamos que cuando Pablo dice "en todo", asume que el marido está siguiendo el ejemplo de Cristo. Obviamente, nunca debemos seguir a nadie en el pecado, ni siquiera a nuestra

128

esposa. Como san Pedro dice, en otra parte, «hemos de obedecer a Dios antes que a los hombres» (Hch 5, 29).

Ahora veamos lo que dice san Pablo a los maridos. Pienso que estarás de acuerdo en que espera de ellos mucho: «Maridos, amad a vuestras mujeres como Cristo amó a la Iglesia y se entregó a sí mismo por ella para santificarla, purificándola mediante el baño del agua por la palabra, para mostrar ante sí mismo a la Iglesia resplandeciente, sin mancha, arruga o cosa parecida, sino para que sea santa e inmaculada» (Ef 5, 25-27).

San Pablo pide a los maridos amar a sus mujeres de un modo muy especial: «Como Cristo amó a la Iglesia y se entregó a sí mismo por ella» (v.25). Esta frase, "entregarse a sí mismo", es una expresión del Antiguo Testamento que se refiere a una persona que se entrega a sus enemigos (Is 42, 24). Este es el modelo de amor que Jesús establece para los maridos —amar a sus esposas incluso hasta la muerte—. Pero san Pablo avanza y describe a Jesús "santificando", "purificando" y "lavando" a la Iglesia para que pueda ser «santa e inmaculada». Aquí san Pablo recurre a una famosa parábola sobre el matrimonio del Señor e Israel en el profeta Ezequiel (Ez 16, 8-14). El punto está en que los maridos deben implicarse en la salud espiritual de sus esposas, haciendo lo que puedan para ayudarlas en su crecimiento en santidad. Después de todo, la mayor muestra de amor que pueden tener los maridos con sus esposas es ayudarlas a ir al cielo.

San Pablo continúa: «Así deben los maridos amar a sus mujeres, como a su propio cuerpo. El que ama a su mujer, a sí mismo se ama, pues nadie aborrece nunca su propia carne, sino que la alimenta y la cuida, como

Cristo a la Iglesia, porque somos miembros de su cuerpo» (Ef 5, 28-30). Todos sabemos que después del mandamiento de amar a Dios, el segundo más importante es "amar al prójimo como a sí mismo" (Lv 19, 18). Aquí, san Pablo aplica ese mandamiento a los maridos y mujeres. ¿Quién es un "prójimo" más cercano que la propia esposa? Por eso, como ha dicho, «el que ama a su mujer, a sí mismo se ama».

Cristo da ejemplo a los maridos "alimentando y cuidando" a la Iglesia, su cuerpo (v. 29). Las palabras que san Pablo utiliza aquí son conmovedoras. La que se ha traducido por alimentar es un verbo griego que se refiere a una madre que amamanta a su bebé. La palabra por cuidar originalmente significa "incubar" y se refiere a una madre ave que mantiene calientes sus huevos y a sus polluelos en el nido. San Pablo describe el amor de un marido por su esposa con gran ternura, con términos maternales. Pues así es como Cristo nos ama, a nosotros que somos la Iglesia, su cuerpo y su esposa.

San Pablo termina su doctrina sobre el matrimonio citando el famoso versículo que ha estado presente en el fondo de todo lo que ha dicho: «*Por esto dejará el hombre a su padre y a su madre y se unirá a su mujer, y serán los dos una sola carne* [Gn 2, 24]. Gran misterio es este, pero yo lo digo en relación a Cristo y a la Iglesia. En todo caso, que cada uno de vosotros ame a su mujer como a sí mismo, y que la mujer reverencie al marido» (Ef 5, 31-33).

Ese comentario final de san Pablo resume cómo el marido y la mujer deben tratarse. Pero lo hacen de diferente modo, porque los hombres y las mujeres son diferentes. Eso está bien. El modo en que un marido pone por delante a su mujer y hacerse él a un lado es amarla como a sí mismo, incluso hasta el punto de dar la vida por ella. Y el modo de la esposa de dar preferencia al esposo es mostrarle el respeto que se le debe como cabeza de la familia.

Incluso las actividades humanas más agradables y hermosas necesitan alguna organización, algún liderazgo. El baile, por ejemplo. Bailar es divertido. Bailar es agradable. La gente baila porque le gusta. Se baila entre iguales, pero aun así, alguien tiene que dirigirlo. Y lo tradicional es que sea el varón. Si es un buen bailarín, su guía es suave y apenas se nota —solo lo que es necesario para que la pareja siga el ritmo y se muevan a la vez los dos—. Si no lo hace así, de modo que su pareja disfrute, ¡terminará quedándose solo un rato largo junto al bol de ponche!

El matrimonio es como el baile. Dios quiere que sea una cooperación maravillosa entre dos seres iguales, que se complementan uno al otro y trabajan juntos, con el liderazgo justo para estar organizados y avanzar en armonía. Jesús es el perfecto ejemplo del marido que guía de un modo suave y entregado, y los santos son la imagen de la esposa que siguen a Cristo abrazados en la increíble danza de amor que el Padre ha coreografiado.

Para dibujar algunos conceptos clave de este capítulo, comencemos con las manos unidas de una pareja de casados.

Estas líneas van a formar el centro de la pequeña imagen del matrimonio porque la unión de los dos es la verdad central y la realidad del matrimonio.

Y luego, dibujando desde las manos unidas, ponemos al novio y la novia.

Ahora vamos a probar algo que no hemos hecho en ningún dibujo anterior, en este libro ni en ningún otro mío. Estas manos unidas del novio y la novia van a formar los brazos extendidos de Cristo. Y alrededor de las manos dibujaremos el corazón de Cristo, el Sagrado Corazón.

Eso nos recuerda lo que une a los esposos cristianos, no es solo su amor sino antes y principalmente el amor de Jesús. El amor humano tiene sus límites. Pues para que la pareja pueda capear las tormentas de la vida, con todas sus amenazas a la unión del matrimonio, ellos van a necesitar el amor divino que sale del corazón de Jesús.

A continuación, dibujamos la Cruz.

Esto nos recuerda que, como todos los demás sacramentos, el matrimonio procede de la Cruz y participa en la Cruz. Ambos esposos experimentan la Cruz en el matrimonio. El marido ofrece su vida hasta la muerte por su mujer, como Cristo se entregó por la Iglesia en la Cruz. Del mismo modo, la mujer entrega todo su ser a su marido, así como Jesús se entregó al Padre en la Cruz. Lo que surge de estos actos de sacrificio es nueva vida, así como del cuerpo de Jesús salió sangre y agua en el Calvario.

Finalmente, rodeamos el todo con los anillos que son el símbolo tradicional del matrimonio. Tal como dos anillos de metal no pueden separarse, así un verdadero matrimonio es indisoluble. Se convierte en una participación en el indestructible amor de Cristo, que brota para nosotros de la Cruz.

Diez
EL CORDERO Y LA NUEVA JERUSALÉN
El Libro del Apocalipsis

INCLUSO PERSONAS que saben muy poco sobre la Biblia están al tanto de que su último libro es el famoso Apocalipsis [para los anglosajones, *Revelation*]. Las fantásticas imágenes y las plagas descritas en este libro fascinan a algunas personas y desconectan a otras. Se encienden los debates sobre su interpretación y lo que dice del juicio final y el fin del mundo. Por desgracia, en medio de esos debates, la gente pierde de vista el tema fuerte del matrimonio que en verdad recorre este último libro bíblico.

El título completo del libro es "La Revelación a san Juan" o, también, "El Apocalipsis de san Juan". Las palabras "revelación" y "apocalipsis" significan lo mismo. La primera es latina, la segunda griega. En latín *revelatio* es una suma del prefijo *re* y *velatio,* que significa poner un velo. Así pues, *revelatio* significa "remover o quitar el velo". Lo mismo ocurre en griego (*apo* es "sin" y *calipsis* es "velo"). Es lo que sucede en la ceremonia de boda en las antiguas culturas cuando la novia se quita el velo para que el marido pueda ver su belleza por primera vez, en su vida juntos como marido y mujer.

Vamos a una vista rápida del contenido del libro del Apocalipsis. Cuando comienza el libro, san Juan está en la isla de Patmos, exiliado por ser un líder cristiano, Patmos está a unas pocas millas de la costa de Éfeso en Asia Menor, un área que ahora pertenece a Turquía. San Juan está sumido en oración un domingo cuando Jesús resucitado se le aparece y le manda que escriba cartas a las iglesias en siete ciudades del continente. Cada iglesia se enfrenta a un problema diferente: Éfeso que perdió la primera caridad, Esmirna una iglesia perseguida, y la complacencia de Pérgamo con los herejes. Tiatira es inmoral, Sardes está espiritualmente muerta, Filadelfia tiene poca fuerza, y Laodicea ha caído en la tibieza. A cada iglesia Jesús da consejo, reprensión y aliento apropiado a la situación (Ap 2-3).

Luego san Juan es llevado al cielo y contempla la liturgia celestial, la realidad de los ángeles y santos adorando a Dios (Ap 4-5). En cada misa, tomamos parte en esta adoración celestial a través de la fe y los sacramentos, pero no podemos verla. En Apocalipsis, Juan trata de compartir con nosotros lo que ha experimentado.

Después de tratar de todo eso en un par de capítulos (4 y 5), Juan comienza a ver los efectos en la tierra de la adoración en el cielo. Cada vez que un adorador celestial realiza una acción, caen plagas en la tierra contra los enemigos del pueblo de Dios. Primero, siete sellos se abren en siete sagrados rollos, vertiendo siete plagas en la tierra (Ap 6-7).

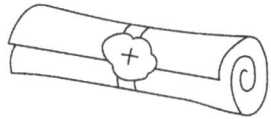

Luego los ángeles tocan siete trompetas (Ap 8-11), enviando más plagas.

Finalmente, se derraman siete copas, el conjunto final de castigos (Ap 15-16).

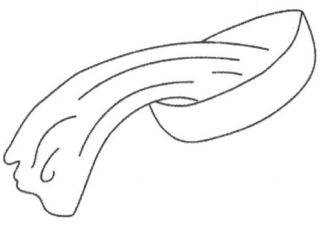

En ese punto, llega el juicio de una de las principales villanas del Apocalipsis, una mujer inmoral llamada Babilonia (Ap 17, 5). Ella es lo más opuesto a una esposa. Es una mujer que no ama a ningún hombre, sino que se entrega a muchos para enriquecerse. Se la identifica como «la gran ciudad que ostenta la soberanía sobre los reyes de la tierra» (Ap 17, 18). Mientras al principio parece que es Roma, una suposición más fuerte nos lleva a ver que Babilonia es la Jerusalén terrena. No puedo presentar aquí el argumento completo, ya lo traté en otro libro. Pero, brevemente: en Apocalipsis 11, 8 la "gran ciudad" se identifica como el lugar donde Jesús fue crucificado, es claramente Jerusalén. También es llamada "Sodoma" y "Egipto", dos nombres que los profetas del Antiguo Testamento usan para Jerusalén (Ap 11, 8; Is 1, 10; Jr 23, 14; Am 4, 10-11). La ciudad «ostenta la soberanía sobre los reyes de la tierra» (Ap 17, 18) porque tal dominio se le prometió a Jerusalén en el Antiguo Testamento (ver Salmos 110, 2 y 48, 2). La gran riqueza de la ciudad en Apocalipsis 18 refleja el hecho de que Jerusalén era una de las ciudades más ricas, quizá la que más, en el Imperio romano. Y era también el sitio del martirio de los profetas del Antiguo Testamento así como de los primeros mártires cristianos (Ap 18, 24; Mt 23, 32-38).

La mujer cabalga en una bestia de siete cabezas, que simbolizan siete colinas (Ap 17, 7-9). Es bien conocido que la ciudad de Roma se asienta en siete colinas, así que la bestia puede ser el Imperio romano. La mujer cabalga sobre esta bestia, significa que está sentada allí (v. 9). Esto era verdad para la clase alta de la ciudad de Jerusalén; la realeza descendiente del rey Herodes, así como para los saduceos y fariseos, instalados en el poder porque colaboraban con los romanos, y recaudaban en su provecho los impuestos del templo. Hacia el final de Apocalipsis 17, la bestia expulsa a la mujer y la "quemará en el fuego" (v.16), que es exactamente lo que sucedió en los años 66-70 d. C.: rota la relación entre Roma y Jerusalén, los romanos quemaron y arrasaron Jerusalén hasta los cimientos, como predijo Jesús (Mt 24, 2; Mc 13, 2; Lc 19, 44 y 21, 6).

La historia de la Jerusalén terrena es una trágica historia de amor. Tanto en el Antiguo Testamento (Ez 16,

8-14) como en el Nuevo (Mt 23, 37; Lc 13, 34), Dios ama mucho a Jerusalén, como un esposo ama a su esposa, pero Jerusalén nunca fue fiel al Señor. Al final, termina destruida, no por el Señor sino por esos a los que ella acude y a los que ama más que a él. Pero esto no sucede antes de que Jesús construya una Nueva Jerusalén alrededor de él mismo, una ciudad no hecha de piedras sino de personas (1 P 2, 5; Ef 2, 19-22; Hb 12, 22). Los discípulos se Jesús son la verdadera Jerusalén. Lo que hace especial a Jerusalén no son sus piedras, suelo o situación, sino que el verdadero Templo está allí y que los verdaderos adoradores de Dios viven allí. Como vemos en el Evangelio de Juan, Jesús es el verdadero Templo (Jn 2, 21) y los reunidos para adorarle son la verdadera ciudad, la Nueva Jerusalén.

Eso es lo que vemos en el libro del Apocalipsis. Después de que la Jerusalén terrena ha sido trágicamente destruida, «vi también la ciudad santa, la nueva Jerusalén, que bajaba del cielo de parte de Dios, ataviada como una novia que se engalana para su esposo» (Ap 21, 2). La antigua es remplazada por la nueva, la infiel por la fiel. Juan continúa: «Y oí una fuerte voz procedente del trono que decía: "*Esta es la morada* de Dios con los hombres: *Habitará con ellos y ellos serán su pueblo,* y Dios, habitando realmente en medio de ellos, será su Dios. *Y enjugará toda lágrima* de sus ojos, y no habrá ya muerte, ni llanto, ni lamento, ni dolor, porque todo lo anterior ya pasó"» (Ap 21, 3-4).

Una característica central del matrimonio es que los esposos viven juntos y comparten sus vidas; de modo semejante, ahora "Dios habita con los hombres". Su amor por su pueblo es muy tierno: "Enjugará toda lágrima de sus ojos". Protegemos nuestros ojos de modo natural. Si un extraño se acerca a nuestro rostro, instintivamente alzamos los brazos para protegernos. A una persona de nuestra confianza podemos permitirle tocar nuestra cara, incluso "enjugar toda lágrima". Dios está muy cerca de nosotros, como un esposo que tiene nuestra completa confianza.

Juan describe a la esposa, la Nueva Jerusalén, con muchas otras imágenes preciosas. Nos enteramos de que tiene doce pilares, y cada uno lleva el nombre de un apóstol (Ap 21, 14). Eso nos ayuda a identificarla con la Iglesia, que san Pablo dice que está edificada «sobre el cimiento de los apóstoles (Ef 2, 20). Un ángel mide la ciudad y encuentra que es un cubo perfecto: «Su longitud, anchura y altura eran iguales» (Ap 21, 16).

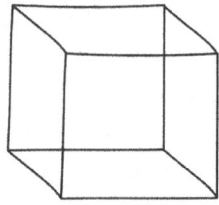

El otro cubo perfecto en la Biblia es el Santo de los Santos, el corazón del Templo (1 R 6, 20). Había una tradición judía sobre que, al fin de los tiempos, la santidad del Templo se expandiría para llenar toda la ciudad de Jerusalén (ver Za 14, 20-21). Juan ve el último cumplimiento de esta tradición: la ciudad de la Nueva Jerusalén no es solo un gran Templo, sino un gran Santo de los Santos. El mensaje aquí es que la Iglesia es santa en todas sus partes, porque Dios mora en cada uno de sus miembros. Nosotros somos todos "piedras vivas" en el Templo de

Dios, como dice san Pedro (1 P 2, 5), y san Pablo insiste, «¿no sabéis que vuestro cuerpo es templo del Espíritu Santo? (1 Co 6, 19). Bajo Moisés, la presencia de Dios estaba limitada al Santo de los Santos, encima del arca de la alianza, donde Moisés iba a hablar a Dios (Ex 25, 22). Pero ahora la presencia de Dios está en cada cristiano, desde el niño recién bautizado hasta el mismo papa. La entera Iglesia es un Santo de los Santos.

El final de Apocalipsis tiene otras imágenes románticas del matrimonio. La Nueva Jerusalén contiene el Árbol de la Vida y el Río de la Vida —igual que el Edén, el jardín que albergó la primera boda, de Adán y Eva—. Todo sediento verá satisfecha su sed (21, 6; 22, 17), y la sed se ha conectado al romance desde el cortejo de Rebeca (Gn 24, 14). Al terminar el libro, los esposos se llaman el uno al otro: «El Espíritu y la esposa dicen: "¡Ven!" [...] El que da testimonio de estas cosas dice: "Sí, voy enseguida"» (Ap 22, 17-20), y Juan exclama en nombre de la Iglesia esposa: «Amén, ¡Ven, Señor Jesús!» (22, 20). Esto nos recuerda el final del Cantar de los Cantares, cuando el novio acude con sus invitados a la boda, buscando a la novia: «¡Mis compañeros está a la escucha de tu voz: házmela oír a mí!», y ella responde: «Escapa, amado mío, sé como gacela o cervatillo» (Ct 8, 13-14). El Cantar de los Cantares habla por el pueblo de Dios en la antigua alianza, llamando al novio-mesías para que venga a ellos. Apocalipsis habla por la Iglesia en la nueva alianza, pidiendo que Jesús vuelva pronto. Ambos libros están llenos del romance de Dios con su pueblo.

No tenemos que esperar hasta el fin del mundo para experimentar el libro del Apocalipsis y la intimidad de

Dios como esposo. Las calles de oro de la Nueva Jerusalén se dice a menudo que describen el cielo, pero en cada Misa, el cielo baja a la tierra. O mejor, la tierra es subida al cielo. El Árbol de la Vida y el Río de la Vida en la Nueva Jerusalén están presentes ya en la Eucaristía y en el Bautismo. Por eso en el centro de cada Misa, el sacerdote proclama: «Dichosos los invitados a la cena del Señor». Un día le veremos cara a cara, pero incluso ahora, cuando ponemos en ejercicio nuestra fe, podemos experimentar la cercanía de Jesús el esposo cada vez que recibimos su cuerpo en la Eucaristía.

Verdaderamente, la boda al final del Apocalipsis es una de las más inusitadas imágenes de toda la Biblia. En primer lugar, la novia es un cubo perfecto:

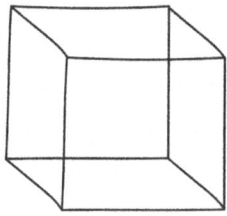

Le pondremos al menos un velo.

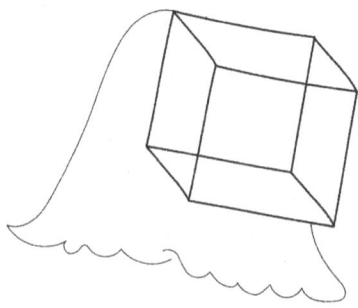

Y debe tener alas, porque baja del cielo para unirse a su esposo.

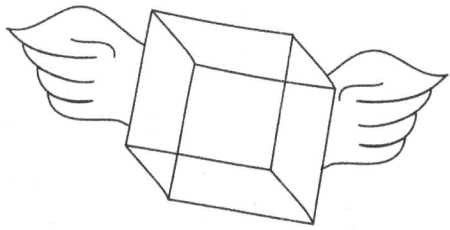

Su destino es el nuevo Monte Sion, que tiene el Árbol de la Vida y el Río de la vida.

Aquí, en el nuevo Monte Sion, está su esposo, el Cordero.

En Apocalipsis 21, 2, san Juan describe la Nueva Jerusalén que baja para encontrarse con el Cordero.

Cuando al fin se encuentran, se celebra la fiesta de bodas del Cordero, la unión final de Cristo y la Iglesia, de Dios y su pueblo. Esta es la visión de felicidad matrimonial con que termina la Biblia.

Once
¿QUÉ PODEMOS APRENDER?

Hemos cubierto mucho terreno en este libro. Hemos viajado desde el principio de la historia humana en el Jardín del Edén hasta su final en la Nueva Jerusalén. A través de todo esto, hemos visto que el matrimonio es el plan central de Dios para la raza humana. Uno podría incluso argumentar que es el tema central de la Biblia.

Una Revisión del matrimonio a través de la Biblia

Adán y Eva. Hemos visto cómo el matrimonio de Adán y Eva fue el punto culminante de toda la historia de la creación; todo lo creado conduce a eso. Esto es porque Adán y Eva son las imágenes de Dios en la tierra. Como Dios mismo es una comunidad de personas —de hecho, dos personas cuya unión de amor da lugar a una tercera— hizo la humanidad a su imagen para gobernar su creación, y los hizo a su semejanza. Los humanos no fueron hechos para vivir como personas individuales sino para unirse en el amor con otra persona y permitir que la unión de amor diera lugar a un tercero, un hijo. Así que el matrimonio es un reflejo de lo que Dios es. Y cuando los humanos vivimos bien el matrimonio, nos hacemos semejantes a Dios, y brillamos como imágenes de Dios en el mundo.

Claro que Adán y Eva rompieron su alianza con Dios, y esa ruptura lesionó seriamente su alianza matrimonial también. Es el comienzo de un modelo que vemos repetirse en la Biblia y a lo largo de la historia humana: el daño de la relación de la humanidad con Dios resulta también en un daño para el matrimonio. La alianza de Dios con el hombre está en perfecta sintonía con la alianza de varón y mujer. Así, cuando Adán y Eva se rebelan contra Dios, eso introduce dificultades en la relación entre ellos. Ahora lucha cada uno por controlar al otro, la "batalla de los sexos".

Noé y su Mujer. Conforme seguimos la historia de la Biblia, vemos otras ofensas al matrimonio que surgen al paso de los años. Lamec, un descendiente de Caín, fue el primero en tener la perversa idea de tomar más de una esposa, y eso llevó pronto a extenderse la poligamia, que a su vez provocó el Diluvio. El Diluvio supuso un recomienzo de la historia humana, volviendo todos y cada uno a la monogamia; cada hombre y animal que salió del arca era monógamo. Pero el nuevo comienzo no duró mucho, pues el mismo Noé pecó dejando que los demás viesen lo que solo su esposa podría ver, y una vez más la raza humana se apartó de Dios.

Abrahán y Sara. Vemos a Dios una vez más en busca de la humanidad a través de Abrahán y su familia. Como la familia de Abrahán iba a ser la fuente de salvación y bendición para toda la raza humana, era importante mantener a la familia sana y santa, y eso comienza con buenos matrimonios. Fue necesario un gran esfuerzo para encontrar convenientes esposas para Isaac y Jacob, esposas que adorasen al mismo Dios, de modo que los hijos se criasen en la alianza con Dios. Por cierto, los patriarcas no siempre se casaron bien. Abrahán escuchó tontamente a Sara y tomó una segunda esposa. Labán engañó a Jacob y se casó con dos hermanas, y ellas a su vez empujaron a sus siervas a él. Pero los patriarcas mismos nunca quisieron más que una esposa. Y Dios actuó con ellos a través del desastre de esos sucesos extramaritales para construir la nación de Israel con los doce hijos de Jacob.

Dios e Israel. Con esa nación de Israel, Dios mismo "se casó" en el libro del Éxodo, enviando a Moisés como el padrino para sacar a su esposa Israel de Egipto al lugar de encuentro del Monte Sinaí. Allí Dios e Israel se aliaron: «Haremos y obedeceremos todo lo que ha dicho el Señor» (Ex 24, 7). Pero la luna de miel duró poco, y cuarenta días después los israelitas volvieron a los dioses de antes, adorando a un becerro de oro egipcio. Eso era un adulterio espiritual. Pero Moisés rogó a Dios y los perdonó. Después Dios reveló a Moisés su verdadero "nombre" o naturaleza: «Señor, Señor, Dios compasivo y misericordioso, lento a la cólera y rico en misericordia [*hesed*] y fidelidad; que mantiene su misericordia por mil generaciones» (Ex 34, 6-7). La única cualidad que Dios menciona más de una vez cuando se refiere a él mismo es *hesed*.

Esa cualidad traducida en el texto como "misericordia". La podría definir yo como "el amor que las partes de una alianza se tienen entre sí, una fidelidad amorosa o amor fiel —"el amor de los esposos"—. En tiempos antiguos se tradujo con la palabra "misericordia", dando lugar a la tradición de que el mayor atributo de Dios es su misericordia. Bastante cierto, pero la "misericordia" de Dios es un carácter de la alianza, amor esponsal. Cuando más tarde el apóstol san Juan dice: "Dios es amor", está expresando la revelación a Moisés en Éxodo 34, 6-7, traduciendo *hesed* por *agapē*, la palabra griega para la más alta forma de amor —el amor entre los esposos y el amor de Dios a los seres humanos—. Estamos de acuerdo con san Juan en que Dios es amor, pero este amor no es atracción física o sentimientos cálidos sino *hesed*, la fidelidad de una alianza o de un esposo, un amor "hasta la muerte" haciendo lo que debemos.

Booz y Rut. Israel no guardó la *hesed* con Dios —esa es la historia de la Biblia desde el Éxodo a través de 1 Samuel— pero hay algunas luces durante esos tiempos turbulentos. Miramos en particular a un libro, el del romance de Rut y Booz, quienes sin darse cuenta viven anticipadamente el romance de Jesús y la Iglesia. Ellos son dos personas que practican la *hesed* —el amor fiel—. Rut muestra fidelidad a Noemí, Booz la manifiesta a su pariente, y la fidelidad los une a los dos, para que se enamoren y hagan una familia que conduce hasta el Mesías.

Salomón y su novia. El ancestro de ese Mesías sería el tataranieto David, que salió de las filas del ejército de Saúl para convertirse en el mayor rey de Israel. Fue una especie de rey-esposo, porque el pueblo de Israel acudió a él y le dijo: «Hueso tuyo y carne tuya somos» (2 S 5, 1). Esta afirmación del pueblo recuerda lo que Eva era de Adán. Ese carácter esponsal se muestra aún más en el hijo de David, Salomón, que devino el más famoso novio por la canción de amor compuesta sobre él. Salomón pareció intentar casarse con todo el mundo, ¡una mujer cada vez! Con setecientas esposas, se metió en el mal camino, pero la idea de un esposo para todo el mundo regresa a Adán y apunta adelante a Jesús.

Jesús el Esposo. Después de Salomón, la suerte de Israel decae, pero el gran hombre que profetizó durante este tiempo de decadencia, Oseas, habla a menudo del regreso de Dios para volver a casarse con su pueblo. Y eso es lo que vemos que sucede en los evangelios, cómo Jesús de un modo sutil y no tan sutil se presenta como el divino esposo que regresa para tomar a su esposa-Israel. Vemos esto en las parábolas de Mateo y especialmente en el Evangelio de Juan, que comienza con una boda en Caná y termina con "otra" en la Cruz, donde Jesús el esposo da su cuerpo por su esposa la Iglesia en el más misterioso matrimonio de toda la historia cósmica.

Cristo y la Iglesia. San Pablo retoma ese misterio del matrimonio de Cristo y la Iglesia y lo presenta como modelo y ejemplo para todas las parejas de cristianos casados (Ef 5, 20-30). Las palabras de Pablo son profundas y desafían a veces las ideas del matrimonio en nuestra sociedad contemporánea. Pero luego resulta que el matrimonio en nuestra sociedad es un desastre, así que no nos sorprende encontrar que sus nociones estén desfasadas con la palabra de Dios. Pero Pablo llama a maridos y mujeres a asumir los roles de Jesús y la Iglesia respectivamente y convertirse en imágenes del matrimonio que es la fuente de la salvación para la raza humana. Realmente, como la Iglesia es el cuerpo de Cristo, Cristo mismo, podemos decir que marido y mujer están llamados, cada uno de ellos, a ser Jesús para el otro.

Eso nos trae al presente, y podemos preguntarnos, ¿qué nos enseña la Biblia sobre el amor y el matrimonio *ahora*, en el siglo veintiuno, como bautizados, discípulos de Jesús y miembros de su santa Iglesia? Veamos algunas aplicaciones prácticas de nuestro repaso de la Biblia.

De nuestro estudio de la historia de la creación y el matrimonio de Adán y Eva, aprendemos la belleza de la *apertura a la vida*. «Creced y multiplicaos» es la primera bendición y mandamiento dados a la raza humana, y esto solo viene a través del matrimonio. Cada nuevo hijo es de un valor infinito, porque —no como un coche, un barco, una mansión de lujo, o cualquier otra posesión— está hecho a imagen de Dios. El amor de las dos primeras personas de la Trinidad está siempre abierto a la tercera, y así el amor de las personas casadas debería estar siempre abierto a una tercera.

De lo visto en Noé y la épica del Diluvio, aprendimos la importancia de la *monogamia*. La poligamia rampante creó el caos social que trajo consigo el Diluvio, y cada hombre y animal salvado a través del arca era monógamo. La lógica de la monogamia es para toda la vida, porque el divorcio y otro matrimonio conduce a poligamia en serie —múltiples esposas en fila más que todas al mismo tiempo—. La lógica de la entrega en el matrimonio pide la igualdad de uno-con-una, de modo que cada esposo o esposa se da completamente al otro, y no es "compartido" en toda su vida.

Por lo que hemos visto de los patriarcas, entendemos el valor de *casarse dentro de la misma comunidad de fe*. Abrahán no escatima gastos o esfuerzo para encontrar una esposa para Isaac que adore al mismo Dios. Si la verdadera fe debe continuar siquiera para una generación más, requiere padres que se casen en la misma fe. «No os unzáis al mismo jugo con los infieles», nos exhorta san Pablo (2 Co 6, 14).

En los eventos del Monte Sinaí y el desposorio de Dios con Israel, observamos los roles cruciales de *fidelidad* y *perdón*. El pueblo de Israel no mostró fidelidad, apartándose de su esposo-Dios solo cuarenta días después, causando un daño a la relación que nunca fue completamente curado. Dios, sin embargo, se mostró fiel a Israel, incluso llamándose a sí mismo dos veces con la palabra hebrea para el amor fiel: *hesed*. Y esa fidelidad se expresó mediante el *perdón*. Conozco a un sabio sacerdote que dice lo mismo en cada boda: "Si no podéis perdonar, no os caséis".

En la penumbra y el caos del tiempo de los jueces, la historia de Rut y Booz brilla como una antorcha en la oscuridad, mostrándonos que *la salud de la sociedad depende del matrimonio.* Toda cultura necesita buenos líderes, pero los hombres y mujeres virtuosos no caen del cielo. Nacen y crecen, y matrimonios santos son los invernaderos donde crecen líderes virtuosos. Es difícil para los niños, sin un padre que los quiera *y* una madre presente en sus vidas, crecer sanos de mente, cuerpo y alma. Sin Rut y Booz, no hay David. Sin un David, no se escapa nunca al caos, ni entonces ni ahora.

La cumbre de la poesía bíblica sobre el amor es el Cantar de los Cantares, y aunque podemos aprender mucho de este libro, quizá podemos poner el foco en la *belleza de la castidad.* «Huerto cerrado eres, hermana mía, esposa, huerto cerrado, fuente sellada», dice Salomón (Ct 4, 12). La castidad prematrimonial en ella y él permite la entrega total. Uno puede dar a su esposa un tesoro nunca compartido con nadie. Esa intimidad da gusto y fuerza a un matrimonio.

El Cantar también subraya la *santidad del cuerpo*. La esposa describe el cuerpo del esposo como el Templo; él la describe a ella como el Jardín del Edén, el primer santuario. En la nueva alianza, san Pablo insiste, «¿No sabéis que vuestro cuerpo es templo del Espíritu Santo?» (1 Co 6, 19). Esta verdad nos remite a la castidad. Algunos piensan que la Iglesia y la Biblia enseñan que la unión física del matrimonio es mala. Por el contrario, enseñan que la unión física en el matrimonio es santa y por eso solo se debe realizar por los esposos. Así como las Órdenes Sagradas ordenan a un hombre para tratar el santo Cuerpo de Jesús en la Eucaristía, así el matrimonio "ordena" a los esposos que traten sus cuerpos de un modo sagrado. Para un seminarista intentar celebrar Misa el día antes de su ordenación sería profanación y un sacrilegio. El día después de su ordenación, la mismas palabras y acciones constituyen el acto más santo que podría realizar y, de hecho, un sagrado deber. Para una pareja de prometidos, unir sus cuerpos el día antes de su boda sería profano y un pecado, pero el día después, es la celebración de un santo sacramento y un sagrado deber.

Después del Cantar, algunos de los más grandes poemas de amor en la Biblia vienen de los profetas, al describir el romance de Dios con Israel. Y de ellos aprendemos el principio de la *indisolubilidad*. Dios nunca reniega de sus juramentos de alianza, incluso si el pueblo, su esposa, se extravía, como nos dice uno de los primeros profetas (Os 1-3, especialmente cap. 2). Y la voz del último de los profetas resuena enfática: «¡Porque Yo odio el repudio!, dice el Señor, Dios de Israel» (Ml 2, 16).

El compromiso de Dios en el vínculo indisoluble de la alianza está perfectamente expresado en Jesucristo, que viene como un esposo para traer de vuelta a su pueblo hacia él. Vemos esa historia en cada uno de los evangelios, pero más claramente en el Evangelio de Juan. De Juan aprendemos el rol del matrimonio como una fuente de gracia. Los grandes milagros de abundancia que Jesús realiza en su ministerio —como cuando convierte tanta agua en vino, o multiplica panes y peces para miles de seguidores— significan la abundancia de gracia presente en cada uno de los sacramentos: «De su plenitud todos hemos recibido, y gracia por gracia» (Jn 1, 16). Normalmente hablamos sobre la gracia infinita dispuesta por Dios en el Bautismo y la Eucaristía, pero deberíamos incluir ahí también el Matrimonio. Cuando marido y mujer asumen el rol de ser Jesús para el otro, Dios abre una fuente de gracia en el matrimonio que puede llevar a los esposos a una gran santidad.

Esa es exactamente la visión de Pablo en su famosa enseñanza en Efesios 5. San Pablo ve a los esposos como Jesús el uno para el otro. Aquí hay demasiado para dibujar esa enseñanza, pero quizá podemos centrarnos en el rol de *dar prioridad al otro*. «Maridos: amad a vuestras mujeres como Cristo amó a la Iglesia [...]. Y que la mujer reverencie al marido» (Ef 5, 25. 33), como cabeza de la familia, a imitación de Cristo.

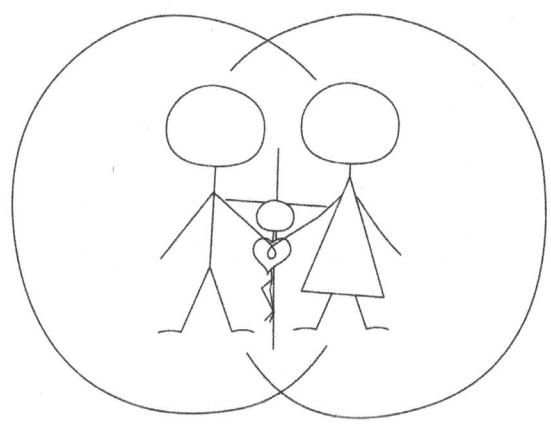

Finalmente, Apocalipsis nos recuerda la meta de todas las cosas, el objetivo de la historia humana y de la vida de cada uno. Y eso es la *felicidad*. No algo barato, centrado en uno mismo, de maratón televisivo conformista o de pasar el fin de semana en un parque temático, sino la profunda y satisfactoria felicidad de disfrutar de la comunión íntima con otras personas. La más cercana experiencia natural que los humanos podemos tener de la alegría del cielo en esta tierra está en la unión del matrimonio, por eso Dios utiliza la imagen de la boda para enseñarnos a qué se parece el cielo (Ap 21-22). Aprendemos que el *matrimonio es un pregusto del cielo.* Cierto, el matrimonio es también algo serio, y algunas partes de este libro se han enfrentado con algunos temas serios, pero Apocalipsis nos recuerda que *hay* un final feliz. La historia de la salvación es realmente una comedia romántica. No en el sentido de que la historia de la salvación sea una película barata, sino en sentido clásico; una historia con final feliz. La historia de la salvación es una comedia romántica porque trata del amor de principio a fin.

ESTE LIBRO, PUBLICADO POR
EDICIONES RIALP, S. A.,
MANUEL URIBE, 13-15, 28033 MADRID,
SE TERMINÓ DE IMPRIMIR EN
SAFEKAT (MADRID),
EL DÍA 26 DE JUNIO DE 2024.